本书系全国教育科学"十四五"规划 2022 年度教育部青年
的实践样态与绩效评价研究"（项目编号：ETA220565）和
研究院院立重点课题"职业教育在构建服务全民终身学习的
（编号：川教研〔2024〕8 号）的成果。

高职院校产业学院的
实践样态与绩效评价

屈 璐 著

重庆大学出版社

图书在版编目（CIP）数据

高职院校产业学院的实践样态与绩效评价／屈璐著.
重庆：重庆大学出版社，2025.5. -- ISBN 978-7-5689-
5286-6

Ⅰ. G718.5

中国国家版本馆 CIP 数据核字第 2025LQ0705 号

高职院校产业学院的实践样态与绩效评价

GAOZHI YUANXIAO CHANYE XUEYUAN DE SHIJIAN YANGTAI YU JIXIAO PINGJIA

屈 璐 著

策划编辑：顾丽萍

责任编辑：黄菊香　　版式设计：顾丽萍
责任校对：刘志刚　　责任印制：张　策

*

重庆大学出版社出版发行

社址：重庆市沙坪坝区大学城西路 21 号

邮编：401331

电话：(023) 88617190　88617185 (中小学)

传真：(023) 88617186　88617166

网址：http://www.cqup.com.cn

邮箱：fxk@cqup.com.cn (营销中心)

全国新华书店经销

重庆市圣立印刷有限公司印刷

*

开本：720mm×1020mm　1/16　印张：14.5　字数：206 千

2025 年 5 月第 1 版　2025 年 5 月第 1 次印刷

ISBN 978-7-5689-5286-6　定价：69.00 元

前　言

　　产教融合是职业教育发展主线,是提升高职院校适应性和竞争力的有效路径。校企共建产业学院是职业院校深化产教融合的重要举措。本书以高职院校产业学院绩效评价作为研究重点,在利益相关者理论、战略联盟理论、社会共同体理论的基础上,设计了基于 CIPP-AHP-FCE 模型的评价体系,将评价分为环境评价、投入评价、运行评价、产出评价 4 个阶段。评价体系遵循动态发展和　　　　原则,将参与多方主体的需求、目标、条件、过程、发展等质量因素融入　　　　的发展性功能及引导、调节、诊断、激励与管理等作用。高职院　　　　效评价的目的不在于证明而在于改进。该评价体系具有系统性、　　　　性和发展性等特征,通过在新工科、新医科、新农科、新文科四类学　　　　检验及较长周期的应用与实践,对产业学院共融共建共管共治有一定的参考价值,为推进职业教育产教融合提供了原动力和根本保障。

　　本书共分为八章,第一章导论,重点介绍研究背景、意义、内容和方法;第二章高职院校产业学院的政策沿革,重点介绍国省级产业学院政策发展脉络和分析启示;第三章高职院校产业学院的理论基础,重点介绍利益相关者理论、战略联盟理论和社会共同体理论;第四章域外高职院校产教融合模式比较分析,重点介绍美国、德国、新加坡产教融合模式和启示;第五章高职院校产业学院调研分析,重点介绍国内高职院校产业学院典型案例、基于实证总结的实然样态和基于理想构建的应然样态;第六章高职院校产业学院绩效评价的模型与方法,重点介绍模型选取和评价体系建构;第七章高职院校产业学院绩效评价的实证检验,重点介绍评价实测和分析;第八章促进我国高职院校产业学院绩效提升的建议与展望,重点介绍对策与建议、结论与展望。

  本书历时近 3 年完稿,其间笔者实地走访了 9 个省 38 个高职院校、企业、地方行政机关等单位,得到了相关专家、学者、同行的大量帮助。最后的成稿中虽只展现了 5 省 26 所高职院校产业学院的调研情况,但对所有提供研究应用实践平台和机会的单位、个人,以及课题组成员,致以衷心的感谢!作为产教融合的阶段性研究成果,本书还有诸多不足之处,诚请各位读者批评指正。

屈　璐

四川成都

2025 年 2 月

目　录

第一章

导 论

产教融合作为职业教育发展的核心战略,不仅是推动高职院校增强市场适配能力的关键引擎,更是构建其可持续发展竞争优势的实践范式。校企共建产业学院是职业院校深化产教融合的重要举措,是职业教育彰显类型特色、激发办学活力的关键。本章通过对研究背景与意义,研究现状与述评,研究对象、内容与思路,研究方法与创新的阐述,拉开本书研究的序幕。

一、研究背景与意义

(一)研究背景

2006 年,我国第一所高职院校产业学院在浙江诞生,开启了高职院校与大型企业集团深度合作的探索。随后,在产业经济发展较快的长三角与珠三角区域,由高职院校牵头组建产业学院的实践模式开始了进一步探索。[①] 2014 年 6 月,《国务院关于加快发展现代职业教育的决定》[②]提出,"引导支持社会力量兴办职业教育⋯⋯探索发展股份制、混合所有制职业院校"。由此,围绕区域经济发展特色的混合所有制二级产业学院建设逐步出现。2017 年 12 月,《国务院办公厅关于深化产教融合的若干意见》[③]提出,"鼓励企业依托或联合职业学校、高等学校设立产业学院",首次在国家政策文件中明确提出产业学院的概念。2019 年 3 月,《教育部 财政部关于实施中国特色高水平高职学校和专业建设计

---

① 范琳,邓忠波. 新时代高职产业学院建设模式实践探索[J]. 职教论坛,2021,37(9):38-43.
② 国务院. 国务院关于加快发展现代职业教育的决定[EB / OL]. (2014-06-22)[2024-09-02]. https://www. gov. cn/gongbao/content/2014/content_2711415. htm.
③ 国务院办公厅. 国务院办公厅关于深化产教融合的若干意见[EB/OL]. (2017-12-19)[2024-09-02]. http://www. gov. cn/zhengce/content/2017-12-19/content_5248564. htm.

划的意见》①,"明确提升校企合作水平……吸引企业联合建设产业学院和企业工作室、实验室、创新基地、实践基地",将产业学院建设作为"双高计划"项目中的建设指标任务点。2020 年 7 月,教育部办公厅、工业和信息化部办公厅联合出台第一部产业学院建设规范性文件——《现代产业学院建设指南(试行)》②提出,"培养适应和引领现代产业发展的高素质应用型、复合型、创新型人才,是高等教育支撑经济高质量发展的必然要求,是推动高校分类发展、特色发展的重要举措。为扎实推进新工科建设再深化、再拓展、再突破、再出发,协调推进新工科与新农科、新医科、新文科融合发展,全面提高人才培养能力,经研究,决定在特色鲜明、与产业紧密联系的高校建设若干与地方政府、行业企业等多主体共建共管共享的现代产业学院"。该文件明确了现代产业学院在人才培养模式、专业建设质量等方面的七项建设任务,标志着现代产业学院建设进入国家层面的项目推动新阶段。2023 年,《职业教育产教融合赋能提升行动实施方案(2023—2025 年)》③和《教育部办公厅关于开展市域产教联合体建设的通知》④出台,将推动校企共建共管产业学院,作为延伸职业院校办学空间的重要抓手。从产业学院发展主线来看,高职院校产业学院的发展是产教融合演进过程中的产物,是推进产教融合走深走实的现实载体。

　　2019 年 1 月,国务院颁发的《国家职业教育改革实施方案》⑤提出,"以学习

① 教育部,财政部.教育部 财政部关于实施中国特色高水平高职学校和专业建设计划的意见[EB/OL].(2019-03-29)[2024-09-02]. http：// www. moe. gov. cn/srcsite/A07/moe_737/s3876_qt/201904/t20190402_376471. html.

② 教育部办公厅,工业和信息化部办公厅.教育部办公厅 工业和信息化部办公厅关于印发《现代产业学院建设指南(试行)》的通知(2020-07-30)[2024-09-05]. http：// www. moe. gov. cn/srcsite/A08/s7056/202008/t20200820_479133. html.

③ 国家发展改革委,教育部,工业和信息化部,等.国家发展改革委等部门关于印发《职业教育产教融合赋能提升行动实施方案(2023—2025 年)》的通知[EB/OL].(2023-06-08)[2025-01-05]. https：//www. gov. cn/zhengce/zhengceku/202306/content_6886061. htm

④ 教育部办公厅.教育部办公厅关于开展市域产教联合体建设的通知[EB/OL].(2023-04-20)[2025-01-05]. http：// www. moe. gov. cn/srcsite/A07/s7055/202304/t20230421_1056642. html.

⑤ 国务院.国务院关于印发国家职业教育改革实施方案的通知[EB/OL].(2019-02-13)[2025-01-25]. https：// www. gov. cn/zhengce/zhengceku/2019-02/13/content_5365341. htm.

者的职业道德、技术技能水平和就业质量,以及产教融合、校企合作水平为核心,建立职业教育质量评价体系",并明确要求完善评价机制,规范人才培养全过程,健全多元化办学格局,推动企业深度参与协同育人。2019年3月,《教育部 财政部关于实施中国特色高水平高职学校和专业建设计划的意见》[①],强调"坚持产教融合","推动高职学校和行业企业形成命运共同体","制定项目绩效评价办法,建立信息采集与绩效管理系统,实行年度评价项目建设绩效,中期调整项目经费支持额度;依据周期绩效评价结果,调整项目建设单位。发挥第三方评价作用,定期跟踪评价"。2020年10月,中共中央、国务院印发的《深化新时代教育评价改革总体方案》[②]提出,"充分发挥教育评价的指挥棒作用……坚持科学有效,改进结果评价,强化过程评价,探索增值评价,健全综合评价……健全职业学校评价。重点评价职业学校(含技工院校,下同)德技并修、产教融合、校企合作、育训结合、学生获得职业资格或职业技能等级证书、毕业生就业质量、'双师型'教师(含技工院校'一体化'教师,下同)队伍建设等情况,扩大行业企业参与评价,引导培养高素质劳动者和技术技能人才。深化职普融通,探索具有中国特色的高层次学徒制,完善与职业教育发展相适应的学位授予标准和评价机制。加大职业培训、服务区域和行业的评价权重,将承担职业培训情况作为核定职业学校教师绩效工资总量的重要依据,推动健全终身职业技能培训制度"。2025年1月,中共中央、国务院印发《教育强国建设规划纲要(2024—2035年)》[③]提出,"增强高等教育综合实力,打造战略引领力量……建立分类管理、分类评价机制,在办学条件、招生计划、学位点授权、经费

---

① 教育部,财政部. 教育部 财政部关于实施中国特色高水平高职学校和专业建设计划的意见[EB/OL]. (2019-03-29)[2024-09-02]. http://www.moe.gov.cn/srcsite/A07/moe_737/s3876_qt/201904/t20190402_376471.html.

② 中共中央,国务院. 中共中央 国务院印发《深化新时代教育评价改革总体方案》[EB/OL]. (2020-10-13)[2025-01-25]. https://www.gov.cn/gongbao/content/2020/content_5554488.htm.

③ 中共中央,国务院. 中共中央 国务院印发《教育强国建设规划纲要(2024—2035年)》[EB/OL]. (2025-01-19)[2025-01-23]. http://www.moe.gov.cn/jyb_xxgk/moe_1777/moe_1778/202501/t20250119_1176193.html.

投入等方面分类支持……完善质量、特色、贡献导向的监测评价体系,健全动态调整和多元投入机制,加大资源配置力度"。从评价主线来看,高职院校产业学院绩效评价是适应教育评价改革方向的举措,是检验产教融合效能的具体落点。

纵观产业学院的发展历程,我国高职院校产业学院建设范围从局部试点到全国推广,建设定位从鼓励校企设立到推动多主体共建共管,建设保障从自发探索的先行先试到系列顶层制度的完备支持,产业学院模式已经成为高职院校产教融合乃至区域产教联合的重要标志性"成果"。[①] 那么,在职业教育高质量发展的背景下,产业学院的理论与实践根基如何,产业学院建设现实问题与成效如何,理想层面的产业学院样态应该如何,是否可以构建一套符合产业学院发展的绩效评价体系,绩效评价结果的检验、优化与运用如何,本研究通过回归理论与实践的原点,试图为正处于蓬勃发展时期的产业学院提供具有现实价值的参考。

(二)研究意义

1. 学术价值

第一,拓展高职院校产业学院的组织形态研究。"学术学科逻辑主导下的高等教育系统排斥产教融合、创业教育等体现高等教育'职业性'的教育形式,忽视归纳式教学的重要性,这使得高校人才培养与外部经济社会发展相脱节"[②],再加上政府的项目制拨款等政策引导,无形中牵引高校向学术型、研究型、综合型发展,这在一定程度上也造成了高校发展的同质化现象。因此,基于对高职院校产业学院的实然"实践样态"的调研与总结,厘清本质特征与内涵属性,对高职院校产业学院"应然样态"结构形态进行系统诠释,有助于拓展高等

① 郑荣奕,蒋新革. 现代产业学院建设:发展历程、组织特征与改革路径[J]. 职业技术教育,2021,42(30):14-19.
② 姚荣. 应用逻辑的制度化:国家工业化与高等教育结构调整[J]. 清华大学教育研究,2015,36(5):47-52,82.

职业教育产教融合的教育形式。第二,开发高职院校产业学院的绩效评价工具。综合运用公平与效率、绩效管理等理论,从关注学校的"教育逻辑"拓展到关注企业的"经济逻辑",构建高职院校产业学院的绩效评价指标体系和评价模型。第三,构建高职院校产业学院的本土话语体系。在充分挖掘域外产业学院的样态特征及绩效评价研究的基础上,笔者结合中国本土探索经验,参考系统论和科学方法,旨在发挥指标的整体功能及综合效应,从而打造本土化的高职院校产业学院的应然样态和绩效评价指标体系。

2. 应用价值

第一,构建高职院校产业学院的实践范本。基于东中西部地区的省市区域差异以及三次产业的典型特点,笔者选取具有典型性和代表性的高职院校产业学院的实践案例,旨在为高职院校产业学院的建设与研究提供参考样本。第二,制定高职院校产业学院绩效评价的具体方法。从校企合作过程管理的角度来看,明确高职院校产业学院绩效评价的目的、对象、内容、方式,能够为院校内部测评、校企合作过程管理及建设质量、成效等方面提供导向、调节、诊断、激励和管理等功能;而从外部评价管理的角度来看,这些明确的评价要素可以为政府、行业、企业、第三方机构等提供外部评价工具,作为校企优质项目、产教融合项目的入选参考依据。第三,科学设计高职院校产业学院的绩效评价指标体系。笔者基于实证调查与经验总结,构建符合中国高职院校产业学院发展特点的绩效评价指标体系,以明确高职院校产业学院绩效评价的方向。从结果应用的角度来看,这一指标体系有助于扭转个别高职学校中存在的技术化、职业化泛滥或盲目追求精英教育及物化建设成果等功利现象,使教育回归以人为本、以培养高素质技术技能型人才为本的轨道上。第四,促进高职教育与区域产业协同融合发展。在加快建设教育强国的战略部署背景下,笔者深入探究产教融合的内涵,旨在塑造多元办学、产教融合的新形态。优化与区域发展相协调、与产业布局相衔接的职业教育布局,其核心应聚焦高职教育与区域产业经济协同融合发展,这是实现现代职业教育体系建设的关键一环。现在职业教育应从职业教育内部发展的"小逻辑"拓展到职业教育高质量发展服务产业经济发展的"大逻辑"下,通过供给侧思维引领高职教育内涵式发展,做好产业转型升级的支持者和推动者,并充分发挥评价的导向与管理作用。

二、研究现状与述评

(一)国内外研究现状

1. 产业学院的基本内涵

产业作为社会分工的产物,并随着社会分工的深化而不断细化。从农业、畜牧业,到手工业、商业,再到机械化工业,以及服务业和新兴产业,随着社会生产力的逐步提高,这些产业得以产生并不断发展。产业(或行业)是具有某种同类属性的、互相作用的经济活动组成的集合或系统,按照国民经济各部门之间的关系而言,产业通常指"三次产业",即农、林、牧、渔为第一产业;工业和建筑业为第二产业;除此之外的其他产业为第三产业。[1] 在社会发展中,随着新产品的生产及相应从业人员数量的不断增长,新的行业逐渐形成。新的行业发展到一定规模时,就会与其他相关行业进行整合,依据发挥作用的程度并入某种产业或形成新的产业。产业的着眼点是生产力布局的宏观领域,体现的是以产业为单位的生产力布局上的社会分工,产业由行业组成。行业的着眼点是企业或组织生产产品的微观领域,体现的是以行业为单位的产品生产上的社会分工,行业由企业或组织组成。[2]

大量研究表明"行业学院"和"产业学院"是一类事物的不同称谓或不同表达方式。但有学者认为"行业学院"对应的是职业分类,产业学院对应的是生产

① 于立宏,孔令丞. 产业经济学[M]. 北京:北京大学出版社,2017:1.
② 王卫旗,王秋宏,刘建华. 大学生劳动教育教程[M]. 北京:北京理工大学出版社,2021:35.

性行业,产业外延比行业窄。① 关于行业学院的定义,行业学院是适应行业条状发展需求而产生的,具有鲜明行业特色的优势与潜质;依托行业及其主干企业的行业学院,围绕行业岗位标准,把职业情感、行业技术标准、管理规程及时融入应用型课程体系和教学内容。行业学院教育是一种"跨界的教育",其强化高校与行业之间的教育伙伴关系,进行多面向的策略联盟,以完成人才培养、科学研究任务。② 行业学院是学校与行业、行业中若干企业合作建设的新机制运行的"二级学院",旨在为行业培养各类专门人才,在这里,不同专业的学生在同一个平台上,根据自己的特点和需求,获得应用(职业)训练的需求,使专业教育与职业训练融合。③ 行业学院模式的人才培养,具体是以校地互动作为学校发展的战略选择,将产教融合、校企合作作为应用型本科人才培养的路径选择。④ 行业学院指多科性或综合性高校建立的以培养行业所需的应用型人才,为行业提供技术工程服务的二级教学科研单位。⑤ 行业学院指本科高校与行业(或行业中的骨干企业、典型企业)紧密融合,以行(企)业生产链、产品链、技术链和服务链为对象,共同开展人才培养和科技服务的应用型专业学院。⑥ 产业学院是基于产业逻辑、教育逻辑和专业逻辑相结合的产物。推进高职院校产业学院建设,应以服务区域产业链的专业群为纽带,以能力培养为主线,推动人才培养模式变革,以多方优质资源共享为核心,共建"产学研创"一体化育人平台,以现代化治理结构建设为保障,为区域产业经济高质量发展提供专业化、综合型、创新型人才支撑,以全面提升区域职业教育质量和产业发展的核心竞争力。⑦

① 王继元.产教融合背景下高校行业学院研究[M].南京:南京大学出版社,2021:8.
② 李宝银,方晓斌,陈美荣.行业学院的功能分析与建设思路[J].教育评论,2017(9):14-17.
③ 朱林生,孙金娟.行业学院模式:新建本科院校应用型人才培养的新探索[J].大学(学术版),2012(12):18-23,10.
④ 朱士中.应用型本科人才培养的机制与模式创新:以常熟理工学院行业学院探索为例[J].江苏高教,2016(5):80-83.
⑤ 王继元.产教融合背景下高校行业学院研究[M].南京:南京大学出版社,2021:8.
⑥ 徐绪卿,金劲彪,周朝成.行业学院:概念内涵、组织特征与实践路径——兼论民办本科高校应用型人才培养[J].浙江树人大学学报.2018,18(1).1-6.
⑦ 王庆海,王全录,李鹏.高等职业学校产业学院建设实践研究[M].郑州:郑州大学出版社,2024:3.

学界对产业学院的界定未达成统一认识。研究者们普遍认为其基本内涵主要包括基地说、学院说、实体说、模式说、机构说、平台说、组织说等几种形式。① 基地说认为,产业学院是指高等职业院校在与企业深度合作基础上建立的实践教学基地,是高职院校实施工学结合的有效形式。它的提出在于理念的认同、制度的肯定、提升教育质量的需求、企业发展的需求。② 学院说认为,产业学院是以市场为导向并由不同所有权属性的资本混合运行的独立高等职业学院,它整合了人才培养、技术研发、技能培训和生产服务,强调本身的独立性和自主权。③ 实体说认为,产业学院是一个应用型专业教学实体。在这个实体中,学校与企业进行深度融合,把企业的生产链、产品链、技术链和服务链用物理的或虚拟的形式用于人才培训和技术服务。④ 模式说认为,产业学院主要指一种联合办学模式。高等职业学院立足于区域经济发展,与地方政府、行业协会和龙头企业进行深入合作,培养高技能人才,促进产业转型升级。⑤ 机构说认为,产业学院是指学校与企业、地方政府、其他雇主或组织之间的资金、专业、平台、基地、人才、管理和其他合作资源与要素的整合,是实现人才培养、企业员工培训、技术研发、文化传承等共同目标的办学机构。⑥ 平台说认为,产业学院是由职业学院与当地政府、行业协会以及行业领先企业合作建立的带有产学研性质的职业教育平台。⑦ 组织说认为,产业学院是指与当地产业密不可分,以产业集群为纽带,学校与政府、企业进行深度合作,充分发挥政策、人才、产业、管理等优势,是具有技术研发、技术服务、人才培训、行业文化传承和创新等功能的新

① 邓泽民,李欣.职业教育产业学院基本内涵及界定要求探究[J].职教论坛,2021,37(4):44-50.
② 徐秋儿.产业学院:高职院校实施工学结合的有效探索[J].中国高教研究,2007(10):72-73.
③ 张雪彦.职业院校混合所有制产业学院建设研究综述[J].中国经贸导刊(中),2020(2):167-168.
④ 万伟平.现行机理下产业学院的运行困境及其突破[J].教育学术月刊,2020(3):82-87.
⑤ 刘国买,何谐,李宁,等.基于"三元融合"培养应用型人才:新型产业学院的建设路径[J].高等工程教育研究,2019(1):62-66,98.
⑥ 李宝银,汤凤莲,郑细鸣.产业学院的功能设计与运行模式[J].教育评论,2015,(11):3-6.
⑦ 卢坤建,周红莉,李作为.产业学院推进产教深度融合的实践探索:以广东轻工职业技术学院为例[J].职业技术教育,2017,38(23):14-17.

的特色组织。①

综合而言,关于产业学院的定义,主要有两种比较典型的观点。一种观点认为,产业学院是指高校与行业、企业、地方政府等用人单位或组织融合资金、专业、平台、基地、人才、管理等合作资源及要素,直接服务于产业和社会发展需要,以行业专门人才培养、企业员工培训、科技研发、文化传承等为共同目标,而构建的全程融入行业、企业元素的二级学院或按二级学院机制运作的办学机构。② 另一种观点认为,产业学院是指高职院校依托现有专业或专业群的技术优势,以服务当地产业集群发展为宗旨,与产业集群所在地方政府、行业协会和龙头企业等合作兴办的集人才培养、技术研发和社会服务于一体的实体性职业教育机构,是一种合并融合型产学合作发展模式。③ 在本研究中,高职产业学院被界定为结合区域主导产业、特色产业、新兴产业等需求,由高职院校与地方政府、行业协会、龙头企业等主体,通过融合资金、管理、人才、基地、平台等多种资源要素,依托专业群或二级学院建立的实体化办学机构。但是,产业学院与现代产业学院、混合所有制二级学院、行业学院、企业大学、产学研中心等概念的实质性差别仍需进一步探讨。

2. 产业学院的运行模式

一些学者遵循由内而外的"结构—属性—功能"逻辑,从组织特性④、核心竞争力⑤、产业链发展⑥、融合创新⑦等视角对产业学院的组织运行机理、本质特征进行了检视。这些研究都强调,产业学院具有"一体多元"的特性,以及明显

---

① 付林,袁珊娜. 高职产业学院的建设路径和实践[J]. 教育教学论坛,2020(27):353-354.
② 李宝银,方晓斌,陈美荣. 行业学院的功能分析与建设思路[J]. 教育评论,2017(9):14-17.
③ 励效杰. 产业学院的制度逻辑及其政策意义[J]. 职业技术教育,2015,36(31):49-52.
④ 聂梓欣,石伟平. 高职产业学院建构的组织战略分析:理念、模式与路径[J]. 教育与职业,2021(15):41-47.
⑤ 宣葵葵,王洪才. 高校产业学院核心竞争力的基本要素与提升路径[J]. 江苏高教,2018(9):21-25.
⑥ 赵昕,高鸿. "产教"双重逻辑下高职产业学院建设:内涵、动因与推进路径[J]. 职业技术教育,2023,44(15):40-44.
⑦ 吴显嵘. 基于产教融合的高职产业学院建设机理及路径研究[J]. 中国职业技术教育,2018,(29):5-11.

的"新型"与"实体"集成性,其本质是产业链、创新链与教育链相互交叉形成了"灰色地带",超越了单纯的教育功能,实现了不同属性组织之间的制度化跨界交互。

从结构来看,产业学院主要分为集成式、连锁式、多点集成式。集成式产业学院是指能够容纳相当规模的相关产业生产经营岗位,同时具备实现生产经营、教学培训、研究开发、生活保障四大功能的产业学院。连锁式产业学院是指每一处只能提供数量有限的生产经营岗位数,整个企业的产业经营规模是由分布在不同地区的、不连续的多个生产经营点(小企业)共同构成的。多点集成式产业学院是指兼有集成式和连锁式的产业学院形式,它通常随着集团化规模的扩大而形成,并为更多学生提供工学交替培养模式的岗位。① 产业学院不仅包括单个学校和企业间的校企双向联合型合作,还包括单个学校或多所学校同多个企业间的多向联合型合作。现代产业学院可以划分为七类,"校—企"型、"校—行"型、"校—政"型、"校—行—企"型、"校—政—企"型、"校—政—行"型、"校—政—行—企"型等类别。运行机制是产业学院的主体机制,是指产业学院中内外关联的人、财、物、信息、制度和文化等诸要素协同运行的基本方式,它决定了产业学院的治理效能,以及职能的实现程度。因此,协同利益相关方,构建现代治理体系是现代产业学院高效运行的关键。产业学院集合"知识共享+联合攻关+科技创新+成果转化+人才培养"等多重功能,而这些多重功能的实现则涉及多元主体的权责及利益分配。

从属性来看,产业学院分为多元化的投资体制、理事会领导下院长负责的管理体制、校企协同育人机制。多元化的投资体制是指产业学院一般与政府签订合作办学的协议,约定由政府提供办学场地,并由政府出资进行装修。高校主要负责产业学院的运行费用。产业学院正式运营后,由政府牵头,以税收优惠、财政补贴等多种形式吸引优秀企业及其他有意投资的社会力量补充产业学

---

① 李海东.产教融合视阈下产业学院育人模式研究[M].广州:广东高等教育出版社,2024:16-17.

院的资金需求。理事会领导下院长负责的管理体制是指产业学院的理事会由高校和政府发起,并吸收行业协会和合作企业的相关人员参加。理事会是产业学院真正的决策机构,负责审议、监督及指导产业学院的办学经费使用、人才培养模式制定、专业课程设置等重大事项。校企协同育人机制是指产业学院实行工学交替、校企合作、产学融合的新型人才培养模式,应用型高校和龙头企业通力合作,共同培养高素质人才。① 产业学院以完善的组织机构和体系化的规则制度,凝聚了产教各方的共同价值和利益诉求,有效提升了行业企业在人才培养方面的话语权,进而实现了信息、人才、技术与物质资源的共享共用,推动了高等教育与产业集群的联动发展。通过政府指导和市场调节,产业学院构建了"政校行企园"多方协同的育人共同体,形成了人才共育、过程共管、责任共担的校企合作治理体系。

从功能来看,育人是现代产业学院的本体职能。它通过探索出特别的育人模式,实现人才培养供给侧与产业需求侧的无缝对接、教育要素与生产要素的全面融合。在人才培养目标上,行业企业深度参与人才培养目标和规格的制定,共同培养符合区域产业高质量发展和创新需求的高素质应用型、复合型、创新型和技术技能型人才。在专业建设上,产业学院紧密对接产业链和创新链,建设产业适配度高、办学质量优、特色优势强的专业集群,实现"专业—产业—职业"之间的结构性匹配。在师资配备上,校企人才优势互补,双向流动,从而形成集合高水平人才的"双师双能型"教学创新团队。在教学内容上,产业学院以最新行业标准、企业技术、工艺流程和管理经验促进课程教学内容迭代更新,重构课程体系、优化课程结构、改革课程内容,实现学习内容与产业要素全面对接。在教学方法上,产业学院突出学习过程的真实性、情境性、体验性和实操性,即在真实的企业生产线,依托真实的项目任务,开展沉浸式、体验式的实地、实景、实操教学,充分应用项目化、模块化、任务驱动式和探究式等教学方法。

① 李海东.产教融合视阈下产业学院育人模式研究[M].广州:广东高等教育出版社,2024:17-18.

产业学院的实施路径主要包括订单式人才培养模式、工学交替人才培养模式和现代学徒制育人模式。订单式人才培养模式下的产业学院通常采用虚拟组织形式，嵌入高校某个二级学院中，以专业为支撑点，通过"订单式""冠名班"等方式来具体呈现。工学交替人才培养模式下的产业学院通常以"校中厂""厂中校"等方式对学生进行培养。在这种模式下，学生在学校学习和企业工作交替进行。学校主要教授学生理论知识，而企业则为学生提供真实的岗位环境，并教授学生实践技能。现代学徒制育人模式下的产业学院通常将传统学徒制与现代教育制度相结合，在原有学徒制现场学习的基础上，叠加学校教育"系统、高效、科学"的制度优势，让学生一部分时间在学校学习专业知识，一部分时间在企业学习技术技能。[①] 此外，产业学院的重要使命是为产业技术革新与成果转化持续赋能，其中，学校和企业间的知识转移成为知识资本有效增值及其市场价值实现的关键环节。合作企业应基于产业转型升级的内在需求，聚焦产业发展方向和目标，主动协调学校等合作主体，解决制约区域产业发展且拥有自主知识产权的关键共性技术难题或特色产业技术问题。强化平台和团队建设，形成成果共享、风险共担的融合体，突破校企物理空间距离、人才流动壁垒和科研价值观念差异，拓展科技研发合作深度和广度。产业学院在理论研究、技术创新、产品研发、成果转化和人才培养之间架设了一道实体性的沟通桥梁。院校、企业、行业等通过共建产业学院，能够实现资源的共享使用。这不仅可以满足人才培养、技术服务、决策咨询等方面的需求，还能创造并共享剩余价值。

3. 产业学院的实践逻辑

随着产业学院的兴起与实践形态的丰富，美国的"合作教育"模式、德国的"双元制"模式、新加坡的"教学工厂"模式、日本的"产学合作"模式等构成了市场或政府主导、技术或市场驱动的实践典型模式。在国内，产业学院的实践虽

---

① 李海东.产教融合视阈下产业学院育人模式研究［M］.广州：广东高等教育出版社，2024：23-25.

起步较晚,但逐渐形成了以集成式、连锁式与多点集成式的"空间集聚"模式①,校企、校地、校行、校会和多位一体型的"合作需求"模式②,资源共享型、共同发展型和产业引领型的"阶段功能"模式③,以及人才培养、社会服务、科学研究的"任务指向"模式④等研究话语为核心的产业学院实践形式。因此,基于域外经验介绍和局部典型经验总结的研究成果,如何对产业学院这一新型形态结构进行系统诠释和深度描摹,仍需进一步探索。

产业学院的核心价值可以理解为"产业学院要解决的关键问题是什么?"⑤当前高等教育特别是职业教育领域仍保持着相对泛化和孤立的发展方式,与具体的产业链、创新链要求之间存在一定的精准化"真空地带"⑥。这导致当前院校的人才培养与企业的人才需求之间的错位日益加深,依靠单个领域的主体来解决人才供给侧与需求侧的矛盾已不再可能。产业学院在这一背景下应运而生,它具有增强教育适应性、激发产教融合内生动力、促进办学机制体制创新等建设价值⑦,同时体现资本和人才的双重价值取向⑧。但是,这种多重价值内部并不是绝对均等的,否则会在产业学院的具体实践中造成多头领导、行动混乱的情形,因此,需要辨明谁主谁次、孰轻孰重。尽管产业学院服务于地区产业行业的发展,但如果将服务企业、提高企业价值作为产业学院的核心价值是不合理的。其原因是服务产业不等同于服务企业:服务企业要解决的是如何提高个别劳动生产率以获取更多利润的问题,服务产业要解决的是如何提高整个行业

① 徐秋儿.产业学院:高职院校实施工学结合的有效探索[J].中国高教研究,2007(10):72-73.
② 李宝银,汤凤莲,郑细鸣.产业学院的功能设计与运行模式[J].教育评论,2015(11):3-6.
③ 朱为鸿,彭云飞.新工科背景下地方本科院校产业学院建设研究[J].高校教育管理,2018,12(2):30-37.
④ 聂梓欣,石伟平.高职产业学院建构的组织战略分析:理念、模式与路径[J].教育与职业,2021(15):41-47.
⑤ 聂梓欣.高职产业学院内部治理结构与模式研究[D].上海:华东师范大学,2022:22-24.
⑥ 孙柏璋,龚森.产业学院:从形态到灵魂重塑的转型发展[J].教育评论,2016(12):14-17.
⑦ 陈俊鹏,朱华兵.基于混合所有制改革的高职产业学院建设:价值、问题及出路[J].中国职业技术教育,2021(25):28-34.
⑧ 聂梓欣,石伟平.高职产业学院建构的组织战略分析:理念、模式与路径[J].教育与职业,2021(15):41-47.

的劳动生产率的问题。因此,人才培养是实现产业学院自身不可替代的核心价值的关键。

从院校行为逻辑而言,其行为决策所必须遵循的逻辑基点是人才培养,着力方向是提升人才培养质量。在职业教育领域,职业院校以培养技术技能人才为使命,凸显其职业性和技术性。但面对我国职业教育中存在的市场缺位、经费不足、质量不高等问题①,职业院校需要整合教育资源,并实现其最大化利用。因此,学校需要最大化地吸引市场的教育资源,以促进教育与市场间的同步发展,实现人才培养质量和市场人才需求间的无缝对接。

从企业行为逻辑而言,其行为决策所必须遵循的逻辑基点是盈利,着力方向是优先保障投资人的利益。因此,企业组织有获得战略支持、效益支持、治理支持三方面的需要。尤其是大型集团公司需要在控制成本的前提下招聘和培养大批高绩效员工,同时迫切需要在应用型研发、技术改进、生产服务等关键业务环节形成核心竞争力。

从政府行为逻辑而言,其行为决策所必须遵循的逻辑基点是改善民生,同时肩负着推动经济高质量发展的使命。其着力方向是坚持创新驱动发展,加快发展现代产业体系。② 因此,地方政府既有促进地方产业升级、服务地方企业发展的内部需求③,也有创新制度安排、激发市场主体活力的外部需要④。各主体间不同的行为逻辑与价值判断使其在多重机制逻辑下形成了冲突、竞争或合作的结果。而在多重理论逻辑的推动下,各主体的合作关系倾向深度联结,使产业学院的诞生成为可能。从三链融合的视角来看,产业学院与产业链、教育链与创新链这三链的重叠区间高度契合⑤;从整体性治理角度看,产业学院能从组

---

① 赵东明,赵景晖.高职校企混合所有制二级产业学院建设研究[J].教育探索,2016(6):42-46.
② 李克强.政府工作报告[EB/OL].(2021-03-05)[2024-03-02]. https://www.gov.cn/guowuyuan/2021zfgzbg.htm.
③ 欧阳育良,吴晓志.政府有效介入下职业教育校企合作长效机制创新实践[J].中国职业技术教育,2015(30):64-69.
④ 励效杰.产业学院的制度逻辑及其政策意义[J].职业技术教育,2015,36(31):49-52.
⑤ 胡文龙.论产业学院组织制度创新的逻辑:三链融合的视角[J].高等工程教育研究,2018(3):13-17.

织管理上协同整合各主体的行为方式,实现合作共赢的治理目标[①];从组织合作间的交易成本来看,学校、行业、企业的交易契约组合需要更注重合作效益。因此,由于学校和企业具有相互依赖的内生性诉求,政府推动参与为校企合作提供了制度性保障,从而加速了校企利益共同体发展形态走向更高级。[②]

4. 产业学院的效果评价

评价是评定价值的简称,在词源学上的含义是指引出和阐发价值。从本质上来说,评价是一种价值判断的活动,是对客体满足主体需要程度的判断。美国学者格朗兰德(Gronlund)将评价表述为:评价＝测量(量的记述)或非测量(质的记述)+价值判断。换言之,评价是在量(或质)的记述的基础上进行价值判断的活动,其中,量(或质)的记述即为"事实判断",是对事物的现状、属性与规律的客观描述。事实判断的基本要求是它的客观性,即真实地反映事物的本来面目。[③] 斯塔弗尔比姆(Stufflebeam)的评价观认为,评价最重要的意图不是为了证明,而是为了改进,是为决策提供有用信息的过程。1978 年,斯塔弗尔比姆重新界定了评价,将其定义为"为满足决策和教育效能核定的需要,描述、获得和运用有关客体的目的、计划、过程和成果价值的过程"。斯塔弗尔比姆的评价观在很大程度上影响了美国教育评价标准联合委员会(Joint Committee on Standards for Educational Evaluation),这是一个由 12 个与教育评价相关的组织联合成立的机构。1981 年,该委员会对评价作了一个简明的界定,即"评价是对某些现象的价值,如优缺点的系统调查"。这一界定在很长一段时间内对教育评价学术界产生了深远的影响,在很大范围内被当作教育评价的权威性界定而加以接受。在我国,这一界定也被较多的研究者加以引用,产生了较大的影响。[④] 因此,构建评价机制有助于发挥评价的导向、调节、诊断、激励与管理等功

---

① 许文静.整体性视域下产业学院内部结构的治理逻辑研究[J].中国职业技术教育,2018(29):12-16.
② 郭雪松,李胜祺.混合所有制高职产业学院人才培养共同体建设[J].教育与职业,2020(1):20-27.
③ 陈玉琨.教育评价学[M].北京:人民教育出版社,2014:10-11.
④ 陈玉琨.教育评价学[M].北京:人民教育出版社,2014:19-20.

能,调动校企等多元主体参与共建的积极性,促进工作有效落实与推进,助力产业学院实现特色发展。

目前,我国职业教育质量评价方式主要有高职高专人才培养工作水平评估、高职院校人才培养质量年度报告等。学校通过相关评估,对人才培养质量的提升起到了一定的推动作用,并逐渐重视职业教育在服务地方产业及社会经济发展方面的功效,强调高等职业教育人才培养要与区域产业发展充分对接。国家及地方政府则通过各类评估,对高等职业教育质量进行整体把控,从而促进相关政策制定的针对性、适用性和科学性。但个别质量评估机制过度强调社会管理本位,其评估手段和方式存在诸多问题。有的通过专家组进学校方式进行,评价过程中主观性较强,定量、客观分析明显不足;有的更多停留于表面,缺乏深入;还有的过度重视工具理性,而忽视价值理性。职业教育的目的不能仅仅是为人谋取一个职业或一个就业岗位,还应该有效促进受教育者的生活和工作更具有价值和意义。因此,职业教育评价理念应坚持以人为本,在对职业教育发展质量进行评价判断的同时,更要重视教师和学生对教育质量的认知和感受,尤其要重视职业教育应以学生的成长与可持续发展为根本出发点。[①]

对产业学院的评价应置于产教融合的评价之中。从产教融合质量评价来看,高慧、赵蒙成提出将利益相关者理论引入产教融合评价体系[②];吕路平、童国通建议用米切尔分类评分法界定利益相关者,从各方利益相关者满意度视角展开评价[③];谢敏、顾军燕提出从绩效管理视角对产教融合资源、过程和效果等方

① 秦凤梅.职业教育产教融合质量评价探索[M].重庆:重庆大学出版社,2021:16-17.
② 高慧,赵蒙成.高职教育产教融合质量评价中"人"的维度[J].苏州大学学报(教育科学版),2018,6(3):13-20.
③ 吕路平,童国通."双高计划"背景下高职院校产教融合质量评价体系研究[J].职业技术教育,2020,41(30):31-36.

面构建评价指标体系①;朱海静建议基于产教融合项目实施过程展开评价②;秦凤梅认为产教融合质量评价是依据一定的评价原则和标准,选择适用的评价方法,对利益相关者所开展的系列产教融合活动作出价值判断的过程。这一过程具有结构性、系统性和动态性等特征,符合价值论和系统论的相关特点。产教融合质量评价一方面要体现发展水平,另一方面要为学校和企业开展产教融合工作提供质量保障,促进产教融合目标的实现。因此,在设计产教融合质量评价指标体系时,一方面需要参考利益相关者理论,确保满足学校、政府、行业及企业各方利益相关者的诉求,这包括学校的学生、老师和企业的员工在智力、情感、价值等方面的获得感与满意度;另一方面需要参考教育经济效率理论,客观反映学校和企业在共建专业过程中的投入与产出,并遵循最优原则。③

5. 产业学院的绩效评价

绩效的概念来源于美国,在人力资源管理领域有着特定的含义,是指通过确认的工作结果或工作行为。绩效概念包含两方面的内容,即工作结果和工作行为。绩效既可由工作结果或工作行为单方面体现,也可以是两者的综合体现。以结果为导向的绩效概念,倾向于把工作看成各种待完成任务的集合,用于满足所预定的目标,是员工工作成绩的记录。结果导向性的绩效通常以产出、效率、目标、指标等表示。绩效主要具有多因性、多维性和动态性三大特征。④

绩效评价作为重要的评价手段,在国际上已有100多年的历史。就其发展总体轨迹而言,前70多年发展缓慢,而后30年,随着新公共管理运动的兴起,其发展速度加快。20世纪20年代至70年代中期,主张国家采用扩张性经济政

---

① 谢敏,顾军燕.产教融合视阈下高职院校校企融合度研究与评价实践[J].中国职业技术教育,2018(5):41-44.

② 朱海静.我国高职院校校企合作项目评价体系研究现状分析[J].科教导刊(上旬刊),2013(21):14-15.

③ 秦凤梅.职业教育产教融合质量评价探索[M].重庆:重庆大学出版社,2021:21.

④ 吕小柏,吴友军.绩效评价与管理[M].北京:北京大学出版社,2013:3-8.

策、通过增加需求促进经济增长的凯恩斯主义盛行,这带来了政府公共支出规模的扩张。发展至 70 年代中后期,为解决财政赤字和公众信任问题,英国和美国等实施了以政府绩效评价为突破口的政府再造运动,并迅速蔓延到澳大利亚、新西兰、加拿大、荷兰、丹麦、芬兰、挪威、日本和韩国等。自 20 世纪 90 年代至今,西方各发达国家已基本上建立了较为完善的政府绩效评价制度和体系。例如,1993 年美国联邦国会通过了《政府绩效与结果法案》,2001 年日本颁布了《关于行政机关进行的政策评价的法律》,这些法律的颁布标志着政府绩效评价制度化框架的建立。在此过程中,绩效评价与政府审计相对分离,绩效评价已成为政府公共管理的核心内容之一。纵观国际绩效评价政策和实践的历史与发展,我们不难发现其展现出发展进程前慢后快、制度体系不断规范完善的特点。①

我国绩效评价起步较晚,只有 10 余年的实践,虽尚未形成系统的绩效评价法规、政策和机制,但发展很快。尤其是财政部作为财政支出绩效管理的主管部门,不断推进绩效评价管理工作。2011 年 4 月,财政部印发《财政支出绩效评价管理暂行办法》②,"强调建立科学、合理的财政支出绩效评价管理体系,提高财政资金使用效益",并指出"绩效评价标准是指衡量财政支出绩效目标完成程度的尺度"。绩效评价标准具体包括计划标准、行业标准、历史标准和其他经财政部门确认的标准。2013 年 4 月,财政部出台《预算绩效评价共性指标体系框架》③,为"逐步建立符合我国国情的预算绩效评价指标体系,不断规范和加强预算绩效评价工作,提高绩效评价的统一性和权威性,全面推进预算绩效管理",制定了财政预算绩效评价共性指标体系框架,包含一、二、三级指标解释和

---

① 环境保护部环境保护对外合作中心环境金融咨询服务中心. 绩效评价国际经验与实践研究 [M]. 北京:中国环境出版社,2014:1-3,15.
② 财政部. 财政部关于印发《财政支出绩效评价管理暂行办法》的通知 [EB/OL]. (2011-04-02)[2025-01-23]. https://www.gov.cn/gongbao/content/2011/content_1967423.htm.
③ 财政部. 关于印发《预算绩效评价共性指标体系框架》的通知 [EB/OL]. (2013-04-21)[2025-01-23]. http://yss.mof.gov.cn/zhengceguizhang/201305/t20130507_857159.htm.

指标说明。2020年2月,财政部印发《项目支出绩效评价管理办法》①,"优先选择部门履职的重大改革发展项目,随机选择一般性项目"作为评价对象,并界定绩效评价指标"包括项目的产出数量、质量、时效、成本,以及经济效益、社会效益、生态效益、可持续影响、服务对象满意度等"。这一系列政策文件的出台,从资金有效使用的视角,明确了项目绩效评价的原则、方法、组织、管理和指标等内容,并对项目绩效评价的设计、实施、评价结果的报告和使用等提出了具体要求。

项目作为支撑机构或部门工作、政策和计划的基础元素,处于多层级绩效管理和评价链条的基础环节。项目绩效评价信息是支撑机构或部门工作、政策和计划绩效的主要证据。项目绩效评价是国际社会、各国政府开展绩效评价时普遍关注的对象。项目绩效评价重视过程,更面向结果,不仅关注预期产出,更注重成效考察,以及其获得的社会影响、经济效益。目前,在我国,全过程绩效观念仍处于起步阶段。绩效评价主要针对单个项目或某一部门,对于项目之间、部门之间的绩效差异仍难以体现,对于财政支出结构的合理性和财政资金在不同领域分配的合理性,尚无法进行科学合理的评价②。这些问题仍有待解决。在评价过程中,项目绩效评价关注项目设置的合理性,即项目是否对应了某项政策、计划的需求,或者是否针对了某项需要解决的问题或议题,即"是否在做正确的事情"。因此,项目设置的合理性、项目过程的规范性、项目成果的突出性是绩效评价的主要考察内容。③

产业学院的绩效评价运营制度,是依据底线思维设置的刚性质量保障制度,也是价值引领的反馈制度,更是确保产业学院不偏航的关键性制度。产业

① 财政部.关于印发《项目支出绩效评价管理办法》的通知[EB/OL].(2020-02-25)[2025-01-23].http://yss.mof.gov.cn/zhuantilanmu/ysjxgl/202003/t20200302_3476430.htm.
② 环境保护部环境保护对外合作中心环境金融咨询服务中心.绩效评价国际经验与实践研究[M].北京:中国环境出版社,2014:119.
③ 环境保护部环境保护对外合作中心环境金融咨询服务中心.绩效评价国际经验与实践研究[M].北京:中国环境出版社,2014:11.

学院的绩效评价运营制度主要包括办学主体退出机制、办学负面责任清单和教育评价保障制度。多主体共同治理的前提是自愿、共治和共享,当参与主体难以持续合作时,则提供退出的机制,以确保参与主体的意愿得到尊重及其执行能力得到发挥。因此,在产业学院的办学机制和治理结构中,应设置办学主体退出空间,同时给予新增办学主体入场空间,以保障产业学院的运营不受影响。产业学院是教育机构,在制度设计上需要底线思维,设置办学负面责任清单,以刚性的纪律保证教育教学的价值性和教育性。产业学院的教育评价保障制度,将成果导向性评价、过程性评价、增值性评价、绩效自评报告与第三方评价等多元评价方式相结合,以确保教育教学的质量。①

　　产业学院作为产教融合的项目或载体,具有一定的历史性、阶段性意义与特点。从教育评价学角度而言,教育项目评价通常针对的是教育改革的试验项目,如一国或一地区的课程改革项目、学校管理改革试验项目、科技开发项目、基建项目等。这里的项目,是指在特定的时间内,经过一定的设计和资金筹措,为实现一系列特定目标,并由一支管理队伍具体管理的一系列相互关联且协调的活动。项目具有"一次性"、特定的时间域、特定的投资限额、明确的目标等特点。项目评价有助于管理层了解实际活动与预期目标的偏差,从而采取相应的校正措施,以保证项目的各项活动尽可能地满足管理主体自身需要的一种管理活动。项目的评价,又分为项目立项前的需求评价、项目进行过程中的诊断评价与项目结束后的效果评价。项目立项前的需求评价,旨在发现需要解决的问题,明确自身需求,并预测项目可能产生的后果与影响。项目进行过程中的诊断评价,是对项目所拟定的目标的适切性和达成度,项目执行情况、效率、效果等进行的阶段性审定。其目的是从过往的经验中汲取教训,以便调整正在实施中的项目后续活动。项目结束后的效果评价,则是在项目基本完成后进行的。它的目的在于为项目是否推广的决策提供基础,并为后续同类项目的实施提供

---

① 李海东.产教融合视阈下产业学院育人模式研究[M].广州:广东高等教育出版社,2024:71-72.

可借鉴的经验与教训。根据项目评价的目的和评价人的不同,项目评价可以分为内部评价(或自我评价)和外部评价(或专家评价)两类。内部评价主要是为管理的内部要求而设计的,由项目管理人员来进行,其目的在于给管理人员提供经常性的反馈意见,以便采取纠正措施。例如,联合国开发计划署的项目,规定在每一项目年度内,项目执行单位都要以书面的形式完成一份项目进展评价报告,并把项目执行单位的自我评价报告作为年度评审的基础。外部评价是由项目的外部监督机构、政府或援助机构等参与进行的评价。外部评价侧重项目的完成情况,产出、效果及影响,经济和财务效率三个方面。例如,世界银行贷款项目和联合国的捐赠项目,一般是在执行中期、终期和事后三个阶段进行评价,即所谓的"中期评价""终期评价"及"事后评价"。[①]

(二)研究述评

近年来,产业学院已成为社会关注的热点,相关研究已从宏观的类型概念建构发展至对实体运行要素的探索。随着产业学院实践的不断深入,相关研究仍有待深化。对于产业学院的已有研究,不但开创了理论研究的新视野,总结了实践研究的新范式,而且在产业学院的内涵、特征、功能、机制、评价等方面取得了一定的成果,对后续研究具有一定的启示作用。本研究正是在前人研究的基础上进行的,站在了已有研究的肩膀上进行思考。同时,前人研究的不足之处,也正是本研究及后续研究需要努力的方向。一是要深化基础理论研究,运用经济学、管理学、生态学、系统论等多学科的理论视角,清晰界定产业学院的内涵与外延;二是要深化中微观实证研究,在具体的区域环境中总结实然典型的实践样态,基于实证资料讨论产业学院的本质性、规律性问题,并刻画出应然的实践样态;三是要深化国际比较研究,提炼国外产业学院理论研究框架下的评价模型和实践研究中的典型经验,构建具有中国特色的本土话语体系;四是

① 陈玉琨. 教育评价学[M]. 北京:人民教育出版社,2014:254-256.

要深化绩效评价研究,基于理论研究、实证研究与比较研究的综合成果,构建绩效评价指标体系与评价模型,深度解析影响高职院校产业学院建设效果的作用机理。对于研究而言,仅仅凭借理论推理去解决产业学院办学中的现实问题是不全面、不充分的,可能会造成认识上的误区和实践中的误导。因此,有必要采用文献研究法、案例研究法、调查研究法等多种方法,加强对产业学院办学问题的实证研究。

三、研究对象、内容与思路

(一)研究对象

本研究以"高职院校产业学院"为研究对象,聚焦于"产业学院实践样态"和"产业学院绩效评价"两大具体内容。通过实践调查、国际比较、理论建构等多维度考察,本研究旨在解构产业学院的"实然实践样态",并在此基础上构建产业学院的"应然实践样态"和"绩效评价体系"。

(二)研究内容

本研究确定了6项具体内容,重点围绕高职院校产业学院的"实践样态"和"绩效评价"展开研究,具体研究内容如下。

1. 高职院校产业学院实践样态的实证考察研究

综合考虑区域性及产业结构特点,笔者选取了极具代表性的东、中、西部5个省份,分别对应三次产业结构,选择具有典型性的26所高职院校产业学院,通过问卷、访谈等方法,深入剖析产业学院的核心要素和成效问题。

2. 高职院校产业学院实践样态的理论基础研究

基于新制度经济学、组织管理学、系统论等学科的理论视角,笔者系统梳理了高职院校产业学院的基本内涵、本质特征,并通过对产业学院实然实践样态的画像描摹,抽取其核心特质,以此来支撑高职院校产业学院应然实践样态合理性的研究。

3.高职院校产业学院实践样态的国际比较研究

笔者围绕美国的"合作教育"、德国的"双元制"、新加坡的"教学工厂"三大域外产业学院实践典型模式,对其内涵特征、核心要素等进行了比较研究,旨在为我国构建高职院校产业学院应然实践样态的本土创新提供域外经验。

4.高职院校产业学院绩效评价的指标体系研究

基于高职院校产业学院的应然样态,笔者重点研究了国内外产教融合和产业学院的绩效评价模式和指标体系,以"3E"绩效评价理论为基础,采用文献分析法、实地调研法、改良导向评价法、层次分析法等技术,设计本土语境下的高职院校产业学院绩效评价指标体系。

5.高职院校产业学院绩效评价的模型建构研究

在前期研究的基础上,笔者综合应用层次分析法、改良导向评价法和模糊综合评价法等方法,采用定量与定性相结合,构建高职院校产业学院绩效评价模型。

6.高职院校产业学院绩效评价的应用检验研究

笔者选取部分高职院校产业学院为典型样本,应用层次分析法和模糊综合评价法对高职院校产业学院绩效评价模型进行应用与验证,综合考量普适性、特殊性、区域性等特征,对评价模型进行优化。

(三)研究思路

本研究以促进职业教育高质量发展为目标,深度贯彻产教融合的教育政策,坚持历史研究与实证研究相结合、理论研究与应用研究相结合、一般性与特殊性相结合的研究思路,遵循"实践调查—国际比较—理论建构—规律探求"的技术路线,探求高职院校产业学院的实践样态与绩效评价的有效范式,形成本土化的实践话语与技术工具(图 1-1)。

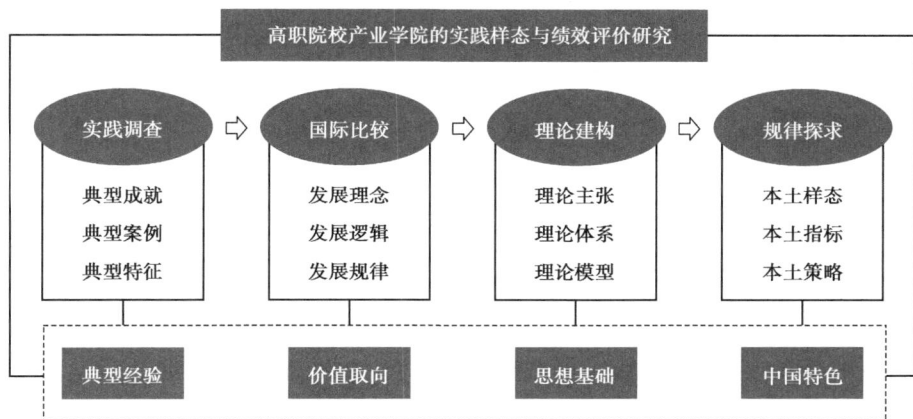

图 1-1 研究技术路线图

四、研究方法与创新

(一)研究方法

1. 文献研究法

笔者借鉴经济学、管理学、生态学、系统论等学科理论,系统分析与梳理高职院校产业学院相关的政策文本和研究成果,为构建产业学院应然实践样态与评价指标奠定理论基础。

2. 案例研究法

笔者采取单案例历时分析和多案例比较分析法,选取东中西部地区具有典型代表意义的 5 省的高职院校产业学院作为本研究的案例分析对象,有计划、有步骤地深入调查点,开展实地考察,收集研究资料,分析案例院校取得的经验,以此为基础完善评价的多维指标体系。

3. 调查研究法

笔者通过采用访谈、问卷、会议研讨等方式,针对高职院校产业学院的企业代表、院校管理者、教师等群体开展调查研究,总结不同省份高职院校产业学院的实施成效与核心问题,并对调查数据进行分析。

4. 比较研究法

笔者选取美国、德国、新加坡的职业院校产业学院实践样态和绩效评价进行比较研究,重点探究各个国家和地区产业学院的组织模式、运行机制、评价指标等,从而为我国构建符合自身国情的高职院校产业学院应然实践样态和绩效评价提供借鉴。

5. 统计分析法

笔者在明确评价目的、评价对象的基础上,综合应用层次分析法、数据包络分析方法、聚类分析方法、主成分分析法等评价方法,筛选并确定评价内容,构建高职院校产业学院的绩效评价指标体系,并运用量化回归分析确定绩效指标的影响因素及权重。

(二)特色和创新

1. 研究视角的特色和创新

本研究综合运用经济学、管理学、生态学、系统论等视角,聚焦高职院校产业学院的实践样态和绩效评价,遵循特殊—普遍、认识—实践的逻辑,从内容安排到模型建构,从指标开发到实施评估,为推进产教深度融合实体嵌入的转变提供路径。

2. 研究思路的特色和创新

本研究以"深化高职院校产教融合"为逻辑起点,通过实践调查—国际比较—理论建构—规律探求的研究过程设计,构建了一条实践—理论—实践的高职院校产业学院研究创新思路,促进高职院校产业学院研究链上游—下游的有序联动。

3. 研究方法的特色和创新

坚持思辨研究与实证研究互补的路线,既有来自制度试点省份基于大规模调研量化数据与质性案例的综合分析,也有来自多个国家和地区产业学院的深层次比较研究,更有基于学理层面的理论思辨,最终形成了本土化的实践话语与技术工具。

第二章

高职院校产业学院的政策沿革

从 2006 年起,产业学院的实践探索已持续了近 20 年。笔者回顾了产业学院的政策发展历程,并根据其特征将其划分为实践化探索阶段、政策化保障阶段和专项化提升阶段三个时期。本章通过对国省两级政策文件的梳理,分析并总结高职院校产业学院的政策发展脉络,概括出:在起步探索时期,产业学院确立了多元参与的基本模式;在爆发成长期,产业学院在全国范围内大量推广;在内涵提升期,产业学院开始转向内涵式、高质量发展的道路,并呈现了不同阶段的特点。

一、高职院校产业学院的政策发展脉络

(一)实践化探索阶段(2006—2016 年)

为更好地实施校企合作、工学结合的人才培养模式改革与创新,在经济发展较快的长三角与珠三角区域,高职院校开始主动尝试与大型企业集团或者地方政府合作,开启了产业学院的实践探索之路。2006 年,浙江经济职业技术学院与浙江物产集团共同创建物流产业学院和汽车后服务连锁产业学院,这是我国较早的一批真正意义上的高职院校产业学院。2007 年,我国东部经济发达地区相继开始了产业学院建设的初步探索,浙江、广东等地区高职院校自发牵头建设的产业学院开始涌现。[①] 2009 年,中山职业技术学院开始与当地专业镇合作,按照"一镇一品"的模式,建设沙溪纺织服装学院、南区电梯学院、古镇灯饰学院和小榄产业学院 4 个"专业镇产业学院"。在产业学院办学实践的初步探索中,人们将产业学院看作产教深度融合的实践模型和职业教育现代化办学的有效尝试。随后,一些本科院校也开始进行产业学院的探索。可以看出,产业学院的实践探索是先于政策支持和理论支撑的。

---

① 范琳,邓忠波. 新时代高职产业学院建设模式实践探索[J]. 职教论坛,2021,37(9):38-43.

2013 年 11 月,《中共中央关于全面深化改革若干重大问题的决定》首次提出"深化产教融合、校企合作,培养高素质劳动者和技能型人才"。2014 年 5 月,《国务院关于加快发展现代职业教育的决定》提出了"深化产教融合、校企合作,培养数以亿计的高素质劳动者和技术技能人才"的总体要求。2014 年 6 月,《现代职业教育体系建设规划(2014—2020 年)》最早指明要发挥企业的"办学主体作用"。自此,企业从职业教育办学的"参与者"变成了"主体",在政策层面也正式确认了将企业作为职业教育的重要办学主体的地位。更进一步来说,这一阶段分为加速发展和深入推进两大步骤。加速发展是指 2014 年《国务院关于加快发展现代职业教育的决定》实施以后,经济领域的混合所有制被正式引入职业教育领域,在政策层面为院校办学体制机制改革指明了方向,具有区域经济发展特色的混合所有制二级产业学院逐步出现①;深入推进是指 2015 年教育部印发的《高等职业教育创新发展行动计划(2015—2018 年)》提出探索发展股份制、混合所有制高等职业院校,鼓励企业和公办高等职业院校合作举办适用公办学校政策、具有混合所有制特征的二级学院,也为混合所有制产业学院改革指明了方向,推动职业院校与行业企业共同构建职业教育命运共同体。这一时期取得了产业学院从概念的理论化生成到校企共建产业学院的实践,再到地方政府合作参与建立产业学院的初期探索成果,并形成了校、企、政三大主体共同组建产业学院的基本模式。

这一时期的产业学院就是高职院校基于大型企业集团或地方产业发展对合作所需的人才和研发、培训的迫切需求,与行业企业在理念、机制、模式、条件(人、财、物、信息等)上形成融合办学的格局,实现互动双赢功能的校企联合体。产业学院通过创建生产实训—顶岗实习基地模式,为工学结合人才培养模式创造有效实施条件,提供实战化、规范化与规模化的教学设施与场所,实现了在生

---

① 国务院. 国务院关于加快发展现代职业教育的决定[EB/OL]. (2014-06-22)[2024-09-02]. https://www.gov.cn/gongbao/content/2014/content_2711415.htm.

产经营环境中教学、在教学中生产经营,打通了产教融合在人才、技术、生产(经营)三个核心要素之间的通道,主要解决的是高职院校工学结合人才培养模式改革问题。

这一时期,高职院校和行业企业的合作往往局限在人才培养的实践教学环节,双方的信息和资源交换能力弱、效率低,且没有形成稳定的工作机构和运行机制,导致人才培养与产业需求的匹配度低,在学校的专业设置、培养方式、课程设置和教学过程等方面还不能适应企业需求,进而使企业利益得不到满足。

(二)政策化保障阶段(2017—2019年)

2017年12月,《国务院办公厅关于深化产教融合的若干意见》,对深化产教融合作出具体部署,"鼓励企业依托或联合职业学校、高等学校设立产业学院",该文件首次明确提出产业学院建设的概念,是产业学院确立的关键依据,对我国产业学院建设具有里程碑式的意义。2019年,《国家职业教育改革实施方案》明确"支持和规范社会力量兴办职业教育培训,鼓励发展股份制、混合所有制等职业院校和各类职业培训机构"。2019年4月,《教育部 财政部关于实施中国特色高水平高职学校和专业建设计划的意见》中提出"吸引企业联合建设产业学院和企业工作室、实验室、创新基地、实践基地",明确将产业学院建设列为院校质量评估的重要指标。在政策的推进下,产业学院建设数量迅速增长,建设范围从局部试点发展到全国推广,建设逻辑从专业学科组建转变为区域产业链发展需要的人才链。[①] 2017年,福建省教育厅办公室公布《福建省教育厅办公室关于做好示范性产业学院遴选工作的通知》。2018年,广东省教育厅发布《广东省教育厅关于推进本科高校产业学院建设的若干意见》,以推进区域产业学院的实践。2017—2019年,产业学院在全国范围大量推广。

---

① 郑荣奕,蒋新革.现代产业学院建设:发展历程、组织特征与改革路径[J].职业技术教育,2021,42(30):14-19.

这一时期,高职教育的关注点转向了教育机制的创新,校企合作成为职业教育发展的关键词。产业学院也从自发探索转向政策支持下的自觉实践,在数量、空间分布和合作领域方面都取得了快速发展。高职院校纷纷依托优势特色专业,与企业合作共建特色产业学院,以此来加强与行业企业的深度互动、与区域经济的互促发展。产业学院的功能由校企协同育人,拓展到在校学生培养与在职员工培训并举,职前、职中、职后全线贯通,由单一的人才培养供给向员工培训、技术研发、文化输出等服务转变,实现了校企互利共赢、互融共生的价值取向。教育服务功能的拓展,对教师的科技创新研发、技术应用与转化、培训课程开发和发展咨询等能力提出了更大挑战。然而,该时期教师的服务能力还难以满足培训师、工程师、咨询师等深层次社会服务功能的要求,进而导致产业学院在高质量人才与服务的持续输出方面存在困难。造成产业学院与企业对创新人才与技术的核心需求的脱嵌无法构建起二者间的深入链接。

(三)专项化提升阶段(2020 年至今)

2020 年,教育部办公厅、工业和信息化部办公厅联合发布了《现代产业学院建设指南(试行)》[①],这是我国第一部产业学院建设的规范性文件。该文件提出了坚持育人为本、坚持产业为要、坚持产教融合、坚持创新发展的建设原则,明确了人才培养模式、专业建设质量、校企合作课程、实习实训基地、高水平教师队伍、产学研服务平台和管理体制机制 7 项产业学院建设任务的具体实现方向。这标志着产业学院建设进入了国家层面的项目推动新阶段,即提质培优、以质图强的内涵提升阶段,也标志着产业学院建设进入了深化阶段。2022 年新修订的《中华人民共和国职业教育法》强调"国家发挥企业的重要办学主体作

---

① 教育部办公厅,工业和信息化部办公厅. 教育部办公厅 工业和信息化部办公厅关于印发《现代产业学院建设指南(试行)》的通知(2020-07-30)[2024-09-05]. http://www.moe.gov.cn/srcsite/A08/s7056/202008/t20200820_479133.html.

用,推动企业深度参与职业教育,鼓励企业举办高质量职业教育"①,标志着产业学院建设从政策提倡层面进入法律规范层面。在职业教育领域,部分高职院校积极对标《现代产业学院建设指南(试行)》和《职业教育提质培优行动计划(2020—2023 年)》,结合"双高计划"项目,使产业学院建设模式更加灵活、产权结构更加多元、服务功能更加丰富。2023 年,《职业教育产教融合赋能提升行动实施方案(2023—2025 年)》提出"推动校企共建共管产业学院、企业学院,延伸职业院校办学空间……拓展产教融合培养内容……优化产教融合合作模式。支持有条件的产业园区和职业院校、普通高校合作举办混合所有制分校或产业学院"②。这一阶段以 2020 年为起点,在未来较长的一段时间内,产业学院的建设发展将以高质量为目标。2023 年和 2024 年分别出台的《教育部办公厅关于开展市域产教联合体建设的通知》和《教育部办公厅关于加强市域产教联合体建设的通知》,都明确市域产教联合体成员单位应共建现代产业学院和开放型区域产教融合实践中心。这些共建项目被视为多主体、多形式开展合作办学的重要形式,旨在促进教育链、人才链与产业链、创新链的紧密结合。

　　这一时期,产业学院在全国范围内呈现快速增长趋势,并开始注重质量的提升,由"传统"迈向"现代"。产业学院已经成为高职院校产教融合的标志性"成果",有了明确的内涵界定和功能定位,成为推进中国特色职业教育发展的基本方向和办学范式。随着产教融合进一步深化,高职院校开始选择与行业龙头企业开展合作,以此实现与行业的对接。新产业、新技术、新业态所引发的快速职业迭代,迫使高职院校以专业群为单位,优化专业结构,全面推动人才培养升级和技术创新。这些举措旨在实现人才培养供给侧和产业需求侧的全方位融合,从而助力区域经济发展及产业转型升级。依托产业学院,高职院校构建

①　教育部,国家发展改革委,工业和信息化部,等.教育部等九部门关于印发《职业教育提质培优行动计划(2020—2023 年)》的通知[EB/OL].(2020-09-23)[2022-03-06].http://www.moe.gov.cn/srcsite/A07/zcs_zhgg/202009/t20200929_492299.html? from=timeline.
②　教育部办公厅.教育部办公厅关于加强市域产教联合体建设的通知[EB/OL].(2024-10-21)[2025-02-06].https://www.gov.cn/zhengce/zhengceku/202411/content_6986632.htm.

了专业链、人才链与产业链、创新链的有效衔接机制,形成了各方协同发展的产业生态系统,有望彻底解决产教融合流于表面、合作机制脆弱等体制性短板问题,进一步丰富产业学院的内涵并提升其治理能力。同时,高职院校也开始尝试混合所有制产业学院的实践探索,以资本为纽带,构建校企共同育人、风险共担的发展共同体,并通过建立独立法人治理体系,组建多元主体参与的共治架构(表2-1)。①

表 2-1　我国国家层面产业学院相关主要政策文件

发文机构	文件名	发文字号或时间	主要内容
国务院	《国务院关于加快发展现代职业教育的决定》	国发〔2014〕19号	三、激发职业教育办学活力 (九)引导支持社会力量兴办职业教育。创新民办职业教育办学模式,积极支持各类办学主体通过独资、合资、合作等多种形式举办民办职业教育;探索发展股份制、混合所有制职业院校,允许以资本、知识、技术、管理等要素参与办学并享有相应权利。探索公办和社会力量举办的职业院校相互委托管理和购买服务的机制。
国务院办公厅	《国务院办公厅关于深化产教融合的若干意见》	国办发〔2017〕95号	三、强化企业重要主体作用 (九)深化"引企入教"改革。支持引导企业深度参与职业学校、高等学校教育教学改革,多种方式参与学校专业规划、教材开发、教学设计、课程设置、实习实训,促进企业需求融入人才培养环节。推行面向企业真实生产环境的任务式培养模式。职业学校新设专业原则上应有相关行业企业参与。鼓励企业依托或联合职业学校、高等学校设立产业学院和企业工作室、实验室、创新基地、实践基地。

---

① 葛高丰.高职院校产业学院建设的实践演进、功能转型和提升路径[J].教育与职业,2023(15):43-49.

续表

发文机构	文件名	发文字号或时间	主要内容
教育部、财政部	《教育部 财政部关于实施中国特色高水平高职学校和专业建设计划的意见》	教职成〔2019〕5号	（九）提升校企合作水平 与行业领先企业在人才培养、技术创新、社会服务、就业创业、文化传承等方面深度合作，形成校企命运共同体。把握全球产业发展、国内产业升级的新机遇，主动参与供需对接和流程再造，推动专业建设与产业发展相适应，实质推进协同育人。施行校企联合培养、双主体育人的中国特色现代学徒制。推行面向企业真实生产环境的任务式培养模式。牵头组建职业教育集团，推进实体化运作，实现资源共建共享。吸引企业联合建设产业学院和企业工作室、实验室、创新基地、实践基地。
教育部办公厅等七部门	《教育部办公厅等七部门关于教育支持社会服务产业发展提高紧缺人才培养培训质量的意见》	教职成厅〔2019〕3号	10.推动校企深度合作。鼓励社会力量举办家政服务类、养老服务类职业院校，或与职业院校以股份制、混合所有制等形式共建产业学院，合作开设相关专业，规范并加快培养专门人才。将社会服务产业紧缺领域列为校企合作重点领域，优先支持建设产教融合创新项目、职业教育校企深度合作项目等。全国建设培育100家以上产教融合型家政企业，发挥家政服务业提质扩容"领跑者"行动示范企业和普惠养老重点企业的示范引领作用，推动50家优质企业与200所有关院校组建职业教育集团等，共建产业学院、大师工作室、协同创新平台、实习实训基地，实行现代学徒制、"订单培养"等培养模式，协同创新服务项目或开展技术研发，支持和鼓励企业承接教师实践锻炼和学生见习实习，深度参与紧缺领域人才培养培训。

续表

发文机构	文件名	发文字号或时间	主要内容
教育部办公厅、工业和信息化部办公厅	《教育部办公厅 工业和信息化部办公厅关于印发〈现代产业学院建设指南（试行）〉的通知》	教高厅函〔2020〕16号	经过四年左右时间，以区域产业发展急需为牵引，面向行业特色鲜明、与产业联系紧密的高校，重点是应用型高校，建设一批现代产业学院。在此基础上，引导高校瞄准与地方经济社会发展的结合点，不断优化专业结构、增强办学活力，探索产业链、创新链、教育链有效衔接机制，建立新型信息、人才、技术与物质资源共享机制，完善产教融合协同育人机制，创新企业兼职教师评聘机制，构建高等教育与产业集群联动发展机制，打造一批融人才培养、科学研究、技术创新、企业服务、学生创业等功能于一体的示范性人才培养实体，为应用型高校建设提供可复制、可推广的新模式。
教育部高等教育司	《教育部高等教育司关于开展首批现代产业学院申报与建设工作的通知》	教高司函〔2020〕20号	根据《现代产业学院建设指南（试行）》，按照"分区论证、试点先行、分批启动"的原则，培育建设一批现代产业学院。首批计划在"四新"（新工科、新医科、新农科、新文科）领域建设30个左右育人成效显著、区域产业特色鲜明、产学研用联动深入的现代产业学院，对新一代信息技术、机器人、智能制造、航空航天、船舶与海工装备、新能源汽车、生物医药、新材料等领域予以重点支持。 二、申报要求 （二）申报条件 2.前期基础扎实，建设成效突出……学院能够以区域经济社会和产业发展急需为牵引，与行业产业领域龙头企业紧密合作，变革人才培养模式，培养产业需要的高素质应用型、复合型、创新型人才，在支撑服务地方兴产业发展方面取得突出成效。

发文机构	文件名	发文字号或时间	主要内容
教育部高等教育司	《教育部高等教育司关于开展首批现代产业学院申报与建设工作的通知》	教高司函〔2020〕20 号	3. 育人模式创新,政产学研协同联动。学院能够创新人才培养方案、课程体系、教学方法、保障机制等,凝练产教深度融合、多方协同的应用型人才培养模式…… 4. 支撑保障有力,建设投入持续稳定。……经费和资源保障方面,构建了企业、行业、地方和学校等多主体的稳定投入机制,设有长期性专项资金保障产业学院的正常运行,合作企业(行业协会、园区)为人才培养提供了稳定的经费支持和实习实训实践资源。
中共中央办公厅、国务院办公厅	《关于推动现代职业教育高质量发展的意见》	2021	四、创新校企合作办学机制 (十)丰富职业学校办学形态。职业学校要积极与优质企业开展双边多边技术协作,共建技术技能创新平台、专业化技术转移机构和大学科技园、科技企业孵化器、众创空间,服务地方中小微企业技术升级和产品研发。推动职业学校在企业设立实习实训基地、企业在职业学校建设培养培训基地。推动校企共建共管产业学院、企业学院,延伸职业学校办学空间。
国务院	《国务院关于印发"十四五"数字经济发展规划的通知》	国发〔2021〕29 号	十一、保障措施 (三)提升全民数字素养和技能。实施全民数字素养与技能提升计划,扩大优质数字资源供给,鼓励公共数字资源更大范围向社会开放。推进中小学信息技术课程建设,加强职业院校(含技工院校)数字技术技能类人才培养,深化数字经济领域新工科、新文科建设,支持企业与院校共建一批现代产业学院、联合实验室、实习基地等,发展订单制、现代学徒制等多元化人才培养模式。

续表

发文机构	文件名	发文字号或时间	主要内容
人力资源和社会保障部	《人力资源社会保障部关于印发技工教育"十四五"规划的通知》	人社部发〔2021〕86号	(九)实施企业新型学徒培养计划 大力开展中国特色企业新型学徒制培训,面向企业职工开放技工院校一年以上非全日制学籍注册通道。依托校企深度合作的技师学院,联合产业龙头企业、行业头部企业建设产业学院。
教育部	《教育部关于印发〈本科层次职业学校设置标准(试行)〉的通知》	教发〔2021〕1号	与行业企业开展深度合作,有2个及以上实质性运行的产教融合、校企合作项目(包括职业教育集团、现代学徒制、产业学院)。拟开展本科教育专业有合作稳定的规模以上企业。
工业和信息化部中小企业发展促进中心	《关于组织开展"专精特新产业学院"建设的通知》	中小企函〔2022〕87号	专精特新产业学院根据高校人才培养内在逻辑和专精特新企业用人特质特点,以校企协同为基础,广泛吸引专精特新企业、关键产业链重点龙头企业、地方(地市级以上)中小企业中心、行业协会、产业园区等主体开展创新合作,联合成立管理运行机构,共同建设以"一个研究院、三个中心、一个平台"为核心的"1+3+1"专精特新产教融合创新发展载体,为高校优化产教融合体系、提升全国影响力、增强服务区域重点产业以及地方经济社会发展能力提供全方位支撑。

续表

发文机构	文件名	发文字号或时间	主要内容
教育部办公厅	《教育部办公厅关于印发〈示范性特色学院建设管理办法〉的通知》	教高厅〔2022〕2号	第二条 特色学院是高等学校为培养各类卓越人才,以新的组织模式和灵活的体制机制自主设置并得到国家专门政策支持的二级学院。特色学院建设是高校教育教学改革的重要载体和关键举措。 第四条 现代产业学院是面向国家和区域经济社会发展需求,以培养符合产业高质量发展需求的高素质创新型、复合型、应用型人才为目标,重点由行业特色鲜明、与产业联系紧密的高校自主设置并得到国家政策支持的二级学院。
国家发展改革委、教育部、工业和信息化部、财政部、人力资源社会保障部、自然资源部、中国人民银行、国务院国资委	《国家发展改革委等部门关于印发〈职业教育产教融合赋能提升行动实施方案(2023—2025年)〉的通知》	发改社会〔2023〕699号	(四)深化产教融合校企合作。 10.丰富产教融合办学形态。支持职业院校联合企业、科研院所开展协同创新,共建重点实验室、工程研究中心、技术创新中心、创业创新中心、企业技术中心等创新平台,服务地方中小微企业技术升级和产品研发。推动职业院校在企业设立实习实训基地、企业在职业院校建设培育培训基地。推动校企共建共管产业学院、企业学院,延伸职业院校办学空间。 12.优化产教融合合作模式。支持有条件的产业园区和职业院校、普通高校合作举办混合所有制分校或产业学院。支持和规范社会力量兴办职业教育,通过企业资本投入、社会资本投入等多种方式推进职业院校股份制、混合所有制改革。允许企业以资本、技术、管理等要素依法参与办学并享有相应权利。

续表

发文机构	文件名	发文字号或时间	主要内容
教育部办公厅	《教育部办公厅关于开展市域产教联合体建设的通知》	教职成厅函〔2023〕15 号	二、条件要求 1. 产教资源相对集聚。联合体依托的产业园区总产值在本省份位于前列，主要以先进制造业、现代服务业、现代农业等为核心主导产业，加快发展新一代信息技术、生物技术、新能源、新材料、高端装备、新能源汽车、绿色环保以及航空航天、海洋装备等战略性新兴产业。联合体职业教育资源富集，涵盖中职、高职（含职教本科）学校，吸纳普通本科学校作为成员，搭建联合体人才供需信息平台，建设产教融合实训基地，校企共建产业学院，促进教育链、人才链与产业链、创新链紧密结合。
教育部办公厅、国家发展改革委办公厅、工业和信息化部办公厅	《教育部办公厅 国家发展改革委办公厅 工业和信息化部办公厅关于开展第二批现代产业学院建设工作的通知》	教高厅函〔2023〕5 号	一、建设目标 以国家和区域产业发展急需为牵引，面向行业特色鲜明、与产业联系紧密的高校、重点是地方应用型高校，建设一批现代产业学院，融人才培养、科学研究、技术创新、企业服务、学生创业等功能于一体，造就大批产业需要的高素质应用型、复合型、创新型人才，为提高产业竞争力、汇聚发展新动能提供人才支持和智力支撑。
教育部办公厅	《教育部办公厅关于加强市域产教联合体建设的通知》	教职成厅函〔2024〕20 号	（一）深化四个合作 1. 合作办学。充分发挥企业重要办学主体作用，多主体、多形式开展合作办学，鼓励市域产教联合体内校企建设产业学院，共建产教融合实训基地，支持有条件的地方将高等职业教育资源下沉到县域办学。紧密对接区域和企业发展需求，梳理核心产品清单、技术需求清单、人才需求清单，有组织地开展人才培养和技术服务。

二、高职院校产业学院政策的省域探索

随着构建现代职业教育体系战略的提出,福建、广东、江苏、湖南等省在一系列顶层制度措施的支持下,相继出台了与现代产业学院或产业学院相关的专项政策文件。这标志着产业学院建设进入爆发式成长阶段,我国产业学院建设的制度活力和政策红利得到了全面激发和释放。在省域层面,各地围绕产业学院的建设目标、建设标准、建设任务、建设评价等方面,开启了在地化的政策探索。

从建设目标来看:《广东省教育厅关于推进本科高校产业学院建设的若干意见》明确,用 3 年的时间在全省遴选建设 30 个示范性产业学院,其中工程类20 个,将示范性产业学院打造成全省产教融合、校企合作的高地。① 河南省教育厅、河南省发展和改革委员会、河南省财政厅联合发布的《河南省教育厅等部门关于推进高等学校产业学院建设的指导意见》,以区域产业发展需求为引领,探索产业链、创新链、教育链有效衔接机制,推动不同类型高校结合自身发展需要,合作建设一批不具有法人资格的内设二级产业学院,将高等学校产业学院建设成为集人才培养、技术创新、科技服务、学生创业和继续教育融为一体的多功能体……②《福建省教育厅 福建省工业和信息化厅关于印发〈福建省现代产业学院建设总体方案〉的通知》强调要围绕福建省"六四五"产业新体系,面向行业特色鲜明、与产业联系紧密、办学基础较好的高校,分批建设 30 个左右省

---

① 广东省教育厅.广东省教育厅关于推进本科高校产业学院建设的若干意见[EB/OL].(2018-07-05)[2025-02-06].https://www.gzgs.edu.cn/cyxy/info/1095/1083.htm.
② 河南省教育厅,河南省发展和改革委员会,河南省财政厅.河南省教育厅等部门关于推进高等学校产业学院建设的指导意见[EB/OL].(2021-03-30)[2025-02-06].http://jyt.henan.gov.cn/2021/04-01/2118798.html.

级现代产业学院,力争获批建设一批国家级现代产业学院。在此基础上,充分发挥示范引领作用,全省本科高校专业结构进一步优化,办学活力充分激发,打造一批融人才培养、科学研究、技术创新、企业服务、学生创业等功能于一体的示范性人才培养实体,形成可复制、可推广的"福建模式"。① 四川省财政厅、四川省教育厅等部门联合出台《四川省财政厅 四川省教育厅 四川省经济和信息化厅 四川省科学技术厅〈关于印发四川省产教融合示范项目建设实施细则〉的通知》,提出人才培养类的建设内容包括"推进教学改革,校企共建行业特色学院或产业学院"②。吉林省人民政府出台的《吉林省人民政府关于印发〈吉林省教育科技人才产业一体化发展三年行动方案(2025—2027 年)的通知〉》提出,建立就业与招生、人才培养联动机制,以企业需求为导向,开展校企联合人才培养。加快布局建设一批现代产业学院、专业特色学院。③

从建设标准来看:《福建省教育厅办公室关于做好示范性产业学院遴选工作的通知》明确,"支持高校主动面向区域、行业办学,提升精准服务能力,打造产教融合品牌,决定遴选 5 个左右建设基础较好、创新特色明显、办学成效显著的示范性产业学院④,并提出了遴选指标体系,间接提出了产业学院评审标准,共分为 10 个板块,共计 100 分,包含办学定位(10 分)、办学时间(8 分)、产业特征(14 分)、资源投入(10 分)、企业作用(10 分)、持续改革(8 分)、办学成效(12 分)、学生发展(8 分)、服务能力(10 分)、办学特色(10 分)。《江苏省教育厅关

① 福建省教育厅,福建省工业和信息化厅.福建省教育厅 福建省工业和信息化厅关于印发《福建省现代产业学院建设总体方案》的通知[EB/OL].(2021-09-26)[2025-02-06].http://jyt.fujian.gov.cn/xxgk/zywj/202109/t20210928_5697729.htm.

② 四川省财政厅,四川省教育厅,四川省经济和信息化厅,等.四川省财政厅 四川省教育厅 四川省经济和信息化厅 四川省科技技术厅《关于印发四川省产教融合示范项目建设实施细则》的通知[EB/OL].(2023-04-21)[2025-02-06].https://cjrh.pzhu.edu.cn/info/1015/1492.htm.

③ 吉林省人民政府.吉林省人民政府关于印发《吉林省教育科技人才产业一体化发展三年行动方案(2025—2027 年)》的通知[EB/OL].(2024-11-13)[2025-02-06].http://www.jl.gov.cn/gb/2024/zb_202423/gcgd/202412/t20241218_9011879.html.

④ 福建省教育厅办公室.福建省教育厅办公室关于做好示范性产业学院遴选工作的通知[EB/OL].(2017-09-22)[2025-02-06].http://jyt.fujian.gov.cn/xxgk/zywj/201709/t20170929_3658307.htm.

于推进本科高校产业学院建设的指导意见》围绕产业学院的基本设立条件(11分)、产业学院的管理体制及机制(14分)、软硬件资源投入及支撑条件(15分)、人才培养与教学改革(30分)、产学合作成效(15分)和人才培养成效(15分),共计100分,包含6个一级指标和19个二级指标,明确江苏省本科高校重点产业学院建设点认定指标。① 山东省教育厅、山东省工业和信息化厅联合出台的《山东省教育厅 山东省工业和信息化厅关于印发〈推进本科高校现代产业学院建设实施方案〉的通知》中明确山东省现代产业学院建设立项条件,主要包括人才培养主要专业与区域产业发展的契合性、参与企业在区域产业链中的地位、相对稳定的高水平教学团队、专业人才培养方案、多元办学主体、顺畅运行的管理体系6个方面内容,对于申报单位提出现代产业学院应已具备或近期可以达到的基础条件。② 河北省教育厅、河北省工业和信息化厅联合印发的《河北省教育厅 河北省工业和信息化厅关于印发〈河北省现代产业学院建设实施方案〉的通知》明确提出产业学院的基本设立条件(11分)、产业学院的管理体制及机制(14分)、软硬件资源投入及支撑条件(20分)、人才培养与教学改革(19分)、产学合作成效(21分)和人才培养成效(15分),共计100分,与《江苏省教育厅关于推进本科高校产业学院建设的指导意见》公布的6个一级指标一致,但在权重上有所差异,明确河北省现代产业学院建设点认定指标。③

从建设任务来看:《江苏省教育厅关于推进本科高校产业学院建设的指导意见》主要包括创新产教深度融合机制、加强应用型学科专业建设、打造高素质"双师型"教师队伍、校企共建实习实训平台、推进大学生创新创业教育、提升高

---

① 江苏省教育厅.江苏省教育厅关于推进本科高校产业学院建设的指导意见[EB/OL].(2020-01-20)[2025-02-06].http://jyt.jiangsu.gov.cn/art/2020/1/21/art_55512_8960388.html.

② 山东省教育厅,山东省工业和信息化厅.山东省教育厅 山东省工业和信息化厅关于印发《推进本科高校现代产业学院建设实施方案》的通知[EB/OL].(2020-12-08)[2025-02-06].http://iss.ujn.edu.cn/info/1101/1137.htm.

③ 河北省教育厅,河北省工业和信息化厅.河北省教育厅 河北省工业和信息化厅关于印发《河北省现代产业学院建设实施方案》的通知[EB/OL].(2021-08-03)[2025-02-06].https://ugs.hebut.edu.cn/docs/2021-08/42875fb365da4cea8382d2763eee84b6.pdf.

校服务地方发展能力 6 个任务。① 河南省教育厅、河南省发展和改革委员会、河南省财政厅联合发布的《河南省教育厅等部门关于推进高等学校产业学院建设的指导意见》，主要包括统筹谋划产业学院发展、提升服务区域产业发展能力、打造高质量学科专业集群、探索多元人才培养模式、构建产学研创一体化融合平台、切实推动科技成果转移转化、加强专兼结合师资队伍建设 7 个任务。② 广西壮族自治区教育厅、广西壮族自治区工业和信息化厅联合出台的《自治区教育厅 自治区工业和信息化厅关于印发推进广西普通本科高校现代产业学院建设工作实施方案的通知》，主要包括构建多主体协同育人平台、构建面向产业的学科专业发展平台、构建产学研服务平台、构建校企人才双向流动平台、构建实习实训和协同创新平台、构建大学生创新创业教育平台、构建合作办学管理体制机制创新平台 7 个任务。③ 河北省教育厅、河北省工业和信息化厅出台的《河北省教育厅 河北省工业和信息化厅关于印发〈河北省现代产业学院建设实施方案〉的通知》，以及吉林省教育厅、吉林省工业和信息化厅联合出台的《关于印发吉林省现代产业学院建设实施方案的通知》，都包括创新产教深度融合机制、创新人才培养模式、加强应用型专业建设、加强校企合作课程建设、校企共建实习实训平台、打造高素质"（双师）双能型"教师队伍、推进大学生创新创业教育、提升高校服务地方发展能力 8 个任务。④⑤

---

① 江苏省教育厅.江苏省教育厅关于推进本科高校产业学院建设的指导意见[EB/OL].（2020-01-20）[2025-02-06].http://jyt.jiangsu.gov.cn/art/2020/1/21/art_55512_8960388.html.

② 河南省教育厅,河南省发展和改革委员会,河南省财政厅.河南省教育厅等部门关于推进高等学校产业学院建设的指导意见[EB/OL].（2021-03-30）[2025-02-06].http://jyt.henan.gov.cn/2021/04-01/2118798.html.

③ 广西壮族自治区教育厅,广西壮族自治区工业和信息化厅.自治区教育厅 自治区工业和信息化厅关于印发推进广西普通本科高校现代产业学院建设工作实施方案的通知[EB/OL].（2021-03-16）[2025-02-06].http://jyt.gxzf.gov.cn/zfxxgk/fdzdgknr/tzgg_58179/t8348273.shtml.

④ 河北省教育厅,河北省工业和信息化厅.河北省教育厅 河北省工业和信息化厅关于印发《河北省现代产业学院建设实施方案》的通知[EB/OL].（2021-08-03）[2025-02-06].https://ugs.hebut.edu.cn/docs/2021-08/42875fb365da4cea8382d2763eee84b6.pdf.

⑤ 吉林省教育厅,吉林省工业和信息化厅.关于印发《吉林省现代产业学院建设实施方案》的通知[EB/OL].（2021-02-05）[2025-02-06].http://xxgk.jl.gov.cn/zcbm/fgw_97963/xxgkmlqy/202206/t20220613_8475887.html.

　　从建设评价来看:湖南省教育厅《关于开展首批湖南省现代产业学院申报与建设工作的通知》明确,"省教育厅、省工业和信息化厅将适时对立项建设的湖南省现代产业学院进行绩效评估"①。广西壮族自治区教育厅、广西壮族自治区工业和信息化厅出台的《自治区教育厅 自治区工业和信息化厅关于印发推进广西普通本科高校现代产业学院建设工作实施方案的通知》,明确加强项目管理,提高建设成效,"自治区教育厅、工业和信息化厅将定期对示范性现代产业学院建设成效进行考核,并根据考核结果对示范性现代产业学院立项名单及奖补经费额度进行动态调整。建设期满后将开展项目验收工作,未通过验收的学院将摘除'示范性现代产业学院'称号"②。福建省教育厅、福建省工业和信息化厅联合印发的《福建省教育厅 福建省工业和信息化厅关于印发〈福建省现代产业学院建设总体方案〉的通知》提出,"省教育厅、工信厅根据我省经济社会发展需求,指导和组织开展现代产业学院立项建设、评估和验收工作……组织开展中期考评、期满验收工作,并根据建设情况建立动态调整机制,增强建设实效。对特色明显、成效突出、示范带动性强的现代产业学院,进行宣传推广经验做法;对工作进展慢、绩效不佳的现代产业学院,将责成限期整改,整改仍未改善的将取消其称号"③。

① 湖南省教育厅.关于开展首批湖南省现代产业学院申报与建设工作的通知[EB/OL].(2020-12-29)[2025-02-06].http://jyt.hunan.gov.cn/jyt/sjyt/xxgk/tzgg/202012/t20201229_1030383.html.

② 广西壮族自治区教育厅,广西壮族自治区工业和信息化厅.自治区教育厅 自治区工业和信息化厅关于印发推进广西普通本科高校现代产业学院建设工作实施方案的通知[EB/OL].(2021-03-16)[2025-02-06].http://jyt.gxzf.gov.cn/zfxxgk/fdzdgknr/tzgg_58179/t8348273.shtml.

③ 福建省教育厅,福建省工业和信息化厅.福建省教育厅 福建省工业和信息化厅关于印发《福建省现代产业学院建设总体方案》的通知[EB/OL].(2021-09-26)[2025-02-06].http://jyt.fujian.gov.cn/xxgk/zywj/202109/t20210928_5697729.htm.

我国省级层面产业学院相关主要政策文件见表 2-2。

表 2-2　我国省级层面产业学院相关主要政策文件

发文机构	文件名	发文文号或时间	主要内容
福建省教育厅办公室	《福建省教育厅办公室关于做好示范性产业学院遴选工作的通知》	闽教办高〔2017〕14 号	建设标准:支持普通本科高校主动面向区域、行业办学,提升精准服务能力,打造产教融合品牌,决定遴选 5 个左右建设基础较好、创新特色明显、办学成效显著的示范性产业学院。
广东省教育厅	《广东省教育厅关于推进本科高校产业学院建设的若干意见》	粤教高函〔2018〕102 号	建设范围与目标:产业学院建设不限于转型试点本科高校,设置应用型人才培养学科专业的高校都应积极参加,产业领域涵盖第一、二、三产业。用 3 年的时间在全省遴选建设 30 个示范性产业学院,其中工程类 20 个,将示范性产业学院打造成全省产教融合、校企合作的高地。建设任务:统筹谋划产业学院建设、形成若干优势特色专业、探索灵活多元人才培养模式、构建一体化实践实训平台、开展项目攻关和产品研发、打造专兼结合师资队伍。
江苏省教育厅	《江苏省教育厅关于推进本科高校产业学院建设的指导意见》	苏教高〔2020〕1 号	建设目标:自 2020 年起,结合省品牌专业建设,省教育厅将分批组织遴选认定 30 个左右建设基础较好、产教联动深入、办学成效显著的省级重点产业学院建设点,培养一大批行业未来领军人才和高层次创新型、应用型、技术技能型人才,形成产学深度合作的新型人才培养模式,充分发挥示范引领作用,促进资源与成果共建共享。建设任务:创新产教深度融合机制、加强应用性学科专业建设、打造高素质"双师型"教师队伍、校企共建实习实训平台、推进大学生创新创业教育、提升高校服务地方发展能力。

续表

发文机构	文件名	发文文号或时间	主要内容
湖南省教育厅	《关于开展首批湖南省现代产业学院申报与建设工作的通知》	2020	建设范围与数量:首批计划在"四新"(新工科、新医科、新农科、新文科)领域建设16个左右育人成效显著、区域产业特色鲜明、产学研用联动深入的湖南省现代产业学院。省教育厅、省工业和信息化厅将适时对立项建设的湖南省现代产业学院进行绩效评估。 申报指标:全省普通本科高校(不含独立学院)每校可推荐1-2个产业学院申报。
山东省教育厅 山东省工业和信息化厅	《山东省教育厅 山东省工业和信息化厅关于印发〈推进本科高校现代产业学院建设实施方案〉的通知》	鲁教高字〔2020〕4号	建设目标:扎实推进新工科、新农科、新医科、新文科建设及产学研融合发展,加快推进本科高校现代产业学院建设……"十四五"期间,建设50个左右山东省现代产业学院,建成一批国家级现代产业学院。 建设任务:创新人才培养模式、提升专业建设质量、开发校企合作课程、打造实习实训基地、建设高水平师资队伍、搭建产学研服务平台、完善管理体制机制。
河南省教育厅、河南省发展和改革委员会、河南省财政厅	《河南省教育厅等部门关于推进高等学校产业学院建设的指导意见》	豫教发规〔2021〕44号	建设目标:以区域产业发展需求为引领,探索产业链、创新链、教育链有效衔接机制,推动不同类型高校结合自身发展需要,合作建设一批不具有法人资格的内设二级产业学院,将高等学校产业学院建设成为集人才培养、技术创新、科技服务、学生创业和继续教育融为一体的多功能体…… 建设任务:统筹谋划产业学院发展、提升服务区域产业发展能力、打造高质量学科专业集群、探索多元人才培养模式、构建产学研创一体化融合平台、切实推动科技成果转移转化、加强专兼结合师资队伍建设。

续表

发文机构	文件名	发文文号或时间	主要内容
广西壮族自治区教育厅、广西壮族自治区工业和信息化厅	《自治区教育厅 自治区工业和信息化厅关于印发推进广西普通本科高校现代产业学院建设工作实施方案的通知》	2021	建设目标:"十四五"期间,以广西产业发展急需为牵引,组织遴选50个左右对接广西主导优势产业和战略新兴产业、有一定建设基础、办学特色鲜明的示范性现代产业学院,打造一批融人才培养、科学研究、技术创新、企业服务、学生创业等功能于一体的示范性人才培养实体…… 建设任务:构建多主体协同育人平台、构建面向产业的学科专业发展平台、构建产学研服务平台、构建校企人才双向流动平台、构建实习实训和协同创新平台、构建大学生创新创业教育平台、构建合作办学管理体制机制创新平台。
河北省教育厅 河北省工业和信息化厅	《河北省教育厅 河北省工业和信息化厅关于印发〈河北省现代产业学院建设实施方案〉的通知》	冀教高函〔2021〕48号	建设目标:"十四五"期间全面实施"445"现代产业学院建设项目。分批认定400个校级现代产业学院;分批立项建设40个左右省级示范性现代产业学院;到2025年,建成5个左右具有国家级水平的现代产业学院。 建设任务:创新产教深度融合机制、创新人才培养模式、加强应用型专业建设、加强校企合作课程建设、校企共建实习实训平台、打造高素质"双师双能型"教师队伍、推进大学生创新创业教育、提升高校服务地方发展能力。

续表

发文机构	文件名	发文文号或时间	主要内容
吉林省教育厅 吉林省工业和信息化厅	《关于印发吉林省现代产业学院建设实施方案的通知》	吉教联〔2021〕7号	建设目标:"十四五"期间全面实施"131"现代产业学院建设项目。分批认定100个校级现代产业学院;以3年为一个建设周期,分2批立项建设30个左右省级示范性现代产业学院;到2025年,建成10个左右具有国家级水平的现代产业学院。 建设任务:创新产教深度融合机制、创新人才培养模式、加强应用型专业建设、加强校企合作课程建设、校企共建实习实训平台、打造高素质"双师型"教师队伍、推进大学生创新创业教育、提升高校服务地方发展能力。
福建省教育厅、福建省工业和信息化厅	《福建省教育厅 福建省工业和信息化厅关于印发〈福建省现代产业学院建设总体方案〉的通知》	闽教高〔2021〕38号	建设目标:"十四五"期间,围绕我省"六四五"产业新体系,面向行业特色鲜明、与产业联系紧密、办学基础较好的高校,分批建设30个左右省级现代产业学院,力争获批建设一批国家级现代产业学院。在此基础上,充分发挥示范引领作用,全省本科高校专业结构进一步优化,办学活力充分激发,打造一批融人才培养、科学研究、技术创新、企业服务、学生创业等功能于一体的示范性人才培养实体,形成可复制、可推广的"福建模式"。 建设任务:完善多主体协同育人的机制、加强服务产业学科专业建设、创新校企合作课程开发模式、共建校企实习实训平台、建立校企人才双向流动机制、推进大学生创新创业教育、搭建产学研服务平台。

续表

发文机构	文件名	发文文号或时间	主要内容
四川省教育厅	《关于首批省级现代产业学院名单的公示》	2022	根据《四川省教育厅关于开展首批现代产业学院申报与建设工作的通知》要求，经省内各高校申报、专家综合评议和厅长办公会审议等相关程序，拟推荐15所普通本科高校的17个项目作为首批省级现代产业学院项目，其中2个项目经前期推荐已进入国家级现代产业学院项目立项；同时，10所高职学校依托教育厅、经信厅、财政厅、科技厅四部门联合组织评选的首批10个省级产教融合示范项目建设的产业学院，拟直接纳入认定范围，共计25所高校27个项目……
四川省财政厅、四川省教育厅、四川省经济和信息化厅、四川省科学技术厅	《四川省财政厅 四川省教育厅 四川省经济和信息化厅 四川省科学技术厅关于印发〈四川省产教融合示范项目建设实施细则〉的通知》	川财教〔2023〕37号	建设内容（人才培养类）：订制培养人才。学校根据企业生产经营管理要求为企业订制培养人才，企业稳定吸纳学生就业。在学历教育方面，学校与企业共商培养方案、共组教学团队、共建教学资源，共同实施学业考核评价，推进教学改革，校企共建行业特色学院或产业学院，聚焦产业发展共建特色优势专业（群），深化订单式、订制式人才培养和现代学徒制、企业新型学徒制改革，共同实施"1+X"证书制度试点，订制培养学历人才……

续表

发文机构	文件名	发文文号或时间	主要内容
吉林省人民政府	《吉林省人民政府关于印发〈吉林省教育科技人才产业一体化发展三年行动方案（2025—2027年）〉的通知》	吉政发〔2024〕16号	3. 产学研一体化育人行动。建立就业与招生、人才培养联动机制，以企业需求为导向，开展校企联合人才培养。加快布局建设一批现代产业学院、专业特色学院，建强吉林大学国家级示范性软件学院、长春理工大学人工智能现代产业学院等示范性特色学院……

三、政策分析与启示

笔者通过分析国家级、省级层面产业学院相关政策发现，产业学院政策制度呈现出建设保障以政策制度驱动为主、建设原则以强调对接与服务区域产业发展为主、建设主体以应用型和普通本科为主、建设方式以项目驱动式遴选推进为主、建设机制以"国—省—校"三级和"国—省"两级为主等特点。

（一）建设保障

明确强化顶层设计，完善政策支持体系。国省两级政策制度保障为各地产业学院建设探索提供了良好的制度保障，广西、吉林、湖北等均在文件中明确提出，高校应认真分析产业发展需求，依托学校的优势特色学科专业，找准服务产业需求的切入点，主动对接企业、行业协会、地方政府等其他主体，积极推进现代产业学院建设。高校应将现代产业学院建设纳入学校"十四五"发展规划，制定现代产业学院整体建设方案,多部门协同推进建设,积极探索多层次、多领域、多类型的现代产业学院。

多方筹措资金,加大建设支持力度。广西、四川等通过专项经费支持产业学院建设。例如,广西壮族自治区教育厅、工业和信息化厅等有关部门共同组织遴选示范性现代产业学院,并予以专项经费支持建设,建设期为2021—2023年。启动经费由高校自主在自治区财政下达的2021年度特色本科高校建设及高校教学质量与改革工程经费中安排,应不少于100万元。建设期间自治区将统筹教育专项、工业和信息化发展专项资金,对示范性现代产业学院给予奖补。其中,以理工农医类学科专业为主干的平均每个奖补不少于1 000万元,以人文社科类学科专业为主干的平均每个奖补不少于600万元。教育专项、工业和信息化发展专项资金各负责一半奖补经费。

(二)建设原则

无论是国家层面还是省级层面的政策,产业学院的建设都遵循产教协同、育人为本、服务产业、整合资源、共建共享等建设原则。产业学院的本质离不开产业二字,服务产业已贯穿于产业学院遴选、建设、评价等各环节。纵观各省区建设任务不难发现,基本所有省区的政策都将以区域经济社会和产业发展急需为牵引,紧密与行业产业领域龙头企业合作,致力于变革人才培养模式,培养产业需要的高素质应用型、复合型、创新型人才,将支撑服务地方新兴产业发展方面取得的突出成效作为重要的建设遴选和验收评价指标。例如,河南省教育厅、河南省发展和改革委员会和河南省财政厅联合出台的《河南省教育厅等部门关于推进高等学校产业学院建设的指导意见》中,明确提出以共建、共管、共享、共赢为基本准则,推动高等学校探索产业学院建设模式,搭建区域教育与产业协同发展、多元联动创新的产教融合平台,创新人才培养模式、提高人才培养质量,全面推动高等教育与区域产业发展深度融合。高等学校产业学院应通过统筹谋划产业学院发展、提升服务区域产业发展能力、打造高质量学科专业集群、探索多元人才培养模式、构建产学研创一体化融合平台、切实推动科技成果转移转化、加强专兼结合师资队伍建设等建设任务,以产业发展急需为牵引,提升高等教育产教融合水平。

(三)建设主体

纵观国省两级产业学院相关政策,多省的现代产业学院建设主要对标 2020 年教育部办公厅、工业和信息化部办公厅出台的《现代产业学院建设指南(试行)》,建设主体以应用型本科和普通本科为主。例如,广东、江苏、山东等省出台的现代产业学院建设文件,均在文件名中将建设主体限定在了普通本科范围内。个别省份将现代产业学院建设范围界定在高等教育阶段,包含高等职业教育学校。例如,四川省教育厅《关于首批省级现代产业学院名单的公示》中,根据《四川省教育厅关于开展首批现代产业学院申报与建设工作的通知》要求,拟建设的 25 所建设学校中,高职院校有 10 所,占 40%;27 个建设项目中,高职院校有 10 个,占 37%。

(四)建设方式

笔者分析国省两级相关政策发现,政策驱动下的项目式推进是当前产业学院的主要建设方式。从国家层面而言,《教育部高等教育司关于开展首批现代产业学院申报与建设工作的通知》,根据《现代产业学院建设指南(试行)》,按照"分区论证、试点先行、分批启动"的原则,培育建设一批现代产业学院。从省级层面而言,省级现代产业学院建设、省级产教融合示范项目、市域产教联合体建设等项目都是产业学院建设的主要驱动力。例如,四川省产业学院建设主要依托四川省产教融合示范项目,明确推进教学改革,校企共建行业特色学院或产业学院,将产业学院建设作为项目式推进的子内容。

（五）建设机制

纵观省级相关政策，产业学院建设机制以"国—省—校"三级和"国—省"两级为主。例如，《河北省教育厅 河北省工业和信息化厅关于印发〈河北省现代产业学院建设实施方案〉的通知》提出，"十四五"期间全面实施"445"现代产业学院建设项目。分批认定 400 个校级现代产业学院；分批立项建设 40 个左右省级示范性现代产业学院；到 2025 年，建成 5 个左右具有国家级水平的现代产业学院。吉林省教育厅、吉林省工业和信息化厅《关于印发吉林省现代产业学院建设实施方案的通知》明确，"十四五"期间全面实施"131"现代产业学院建设项目。分批认定 100 个校级现代产业学院；以 3 年为一个建设周期，分 2 批立项建设 30 个左右省级示范性现代产业学院；到 2025 年，建成 10 个左右具有国家级水平的现代产业学院。河北、吉林两省通过采取"国—省—校"三级分批分层建设的模式，梯度式地构建遴选建设机制，旨在逐级培育、孵化、建设，从而形成产业学院的分级"蓄水池"。而福建、广东、江苏、湖南等省则是通过遴选省级产业学院，进行分批建设，为国家级现代产业学院推选蓄势。

第三章

高职院校产业学院的理论基础

　　高职院校产业学院的出现绝非完全的新生事物,而更应该被理解为高等职业教育产教融合的表现形式与载体。理论基础是学科发展的基石,为人们提供了认识世界、解释现象、预测未来和解决问题的基本框架和工具,也是某一学科、领域或研究的基础性原理、观点或理论框架,为实践活动或研究提供指导和支撑。本章将通过借助利益相关者理论、战略联盟理论、社会共同体理论三个视角,为分析高职院校产业学院的机制和机理搭建理论框架。

一、利益相关者理论

（一）理论内涵

　　"利益相关者"概念产生于 20 世纪 60 年代,来源于经济学领域。斯坦福研究院首次对其下了定义,后经弗里曼（Freeman）、安索夫（Ansoff）等学者的不断完善发展,利益相关者理论越来越丰富。根据米切尔（Mitchell）与伍德（Wood）的统计,利益相关者的定义多达 27 种。[1] 1972 年,宾夕法尼亚大学沃顿商学院首次开设"利益相关者管理"的课程,标志着该理论被西方学术界和企业界所重视。利益相关者理论认为,"要制定出一个理想的企业目标,必须综合平衡考虑企业的诸多利益相关者之间相互冲突的索取权,他们可能包括管理人员、工人、股东、供应商以及分销商"。1995 年,布莱尔（Blair）指出,公司治理应该通过设计一定的契约安排和治理制度来分配给所有的利益相关者一定的企业控制权,即所有的利益相关者都应该参与公司治理,这种治理模式被称为"共同治理"。

　　20 世纪 90 年代以来,利益相关者理论开始在教育领域得到运用。1996年,罗索夫斯基（Rosovsky）根据群体与大学之间的重要性关联,总结并列举出四类群体,并将它们定义为"最重要群体""重要群体""部分拥有者""次要群

---

① 侯施昱. 利益相关者视角下的校企合作管理策略优化研究［D］. 上海:华东师范大学,2018:11-19.

体"，形成了一个纵向的重要性层次。其中，第一个层次包含教师、行政主管、学生等，对应"最重要群体"；第二个层次包含学校董事、校友和捐赠者等，对应"重要群体"；第三个层次包含政府、银行等，对应"部分拥有者"；第四个层次包含市民、社区、媒体等，对应"次要群体"。2005年，胡赤弟提出了由三类利益相关者组成的大学模型：教师、学生、出资者、政府等是大学的权威利益相关者；校友、捐赠者和立法机构是潜在的利益相关者；市民、媒体、企业界、银行等是第三层利益相关者。

利益相关者理论被引入我国后，最初主要应用于企业管理、旅游管理、财会管理等领域，后期逐渐用于高等教育系统的质量评价、大学治理、产学研合作、集团办学等领域。[①] 胡赤弟也进一步对利益相关者理论在高校的应用进行了补充，其认为利益相关者理论可用于分析大学的教育制度、高校外部协调、高校内部协调、高等教育质量与责任等问题，证明了该理论在高等教育阶段的适用性。李福华根据我国实际，进一步将大学的利益相关者分为四个层次。第一层次为核心利益相关者，包括教师、学生和管理人员；第二层次为重要利益相关者，包括校友和行政拨款者；第三层次是间接利益相关者，包括与学校有契约关系的当事人，如科研经费提供者、产学研合作者、贷款提供者等；第四层次为边缘利益相关者，包括当地社区和社会公众等。李福华的分类方法与罗索夫斯基的方法类似。[②]

（二）理论适用性

作为一种不可或缺的教育类型，高职教育的可持续发展需要学校、政府、行业企业、受教育者个人、社会团体等多元主体的广泛参与。利益是联结这些主体的纽带，是影响他们是否参与及如何参与高职教育的直接因素。换言之，接

---

① 姚润玲. 基于利益相关者理论的应用型本科院校产教融合绩效评价研究[D]. 哈尔滨：哈尔滨工业大学，2018：17-18.

② 赵渊. 高等职业教育混合所有制改革的理论与实践[M]. 北京：中国社会科学出版社，2020：34-35.

受、参与或举办高职教育,是多元主体基于自身利益及价值选择的过程。高职教育发展过程中的三种基本利益矛盾主要包括个体与集体、局部与整体、眼前与长远的矛盾组合。利益分析是研究高等职业教育发展问题的一个重要视角,也是理解和分析利益相关者之间博弈行为的根本。

从定义而言,利益相关者是指任何可以影响组织目标的实现或受该目标的实现所影响的个人、群体或组织。因此,产业学院的利益相关者可以界定为能够影响高职院校的发展和目标实现的,或者受高职院校目标实现影响的个人、群体和组织。按此定义,产业学院的利益相关者就表现得较为复杂。产业学院是高职院校和行业企业共同投资的联合体,联合体中设有管理人员、实训教师,同时产业学院的投资主体分属多个各自有不同的利益的相关者组织,他们都通过不同的途径影响着产业学院。[①] 高职教育与经济社会各领域发生着千丝万缕的联系。这种特殊的"生态环境"也决定了发展高职教育必须关注各类利益相关者。尤其是在当前教育制度及管理理念的指导下,高职院校越来越重视、强调自己"独立、自治实体"的身份,往往从学校内部教育价值的形成过程出发来考虑发展问题,并据此进行组织管理体制设计。然而,这种思路缺乏对职业教育和产业发展整体"价值链"的考虑,也缺乏从利益相关者整体利益要求的角度出发来改革学校体制的思考。从一定程度上说,产业学院利益相关者研究实质上是高等职业教育产教融合利益相关者研究的缩影。对于产业学院的研究,我们不可忽略相关方的利益诉求,这不仅包括高职院校与企业的利益诉求,还包括政府、行业、学生、社会等多方的利益诉求。在这一大背景下,从利益相关者角度研究高职院校产业学院的样态与评价,具有理论的适切性,以及研究的必要性和可行性。

---

① 郑琦. 产业学院:一种利益相关者共同治理的高职办学模式[J]. 成人教育,2014,34(3):64-66.

二、战略联盟理论

（一）理论内涵

战略联盟理论最早由美国 DEC 公司总裁简·霍普兰德（Jane Hopland）和管理学家罗杰·奈格尔（Roger Nigel）提出，是经济学界研究企业联盟时所用的术语。战略联盟是指两个或两个以上有着共同的战略利益，为达到共同拥有市场、共同使用资源等战略目标，通过各种协议、契约而共担的一种松散的合作竞争方式，也是一种整合优势资源的重要方式。[①] 建立战略联盟，实质上是通过不同单位之间的合作，实现优势资源的互补和风险的分摊，弥补市场交易的不足，从而为合作单位创造价值。战略联盟常常是长期性合作，联盟各方仍旧保留着独立性和完全自主的经营权。[②]

按照合作的领域划分，战略联盟可以分为生产型、市场型和知识型三种类型。生产型战略联盟的合作单位通常是企业，通过签订生产联盟协议联合起来，实现规模经济，共同制造某种产品，每个企业都发挥自己的生产优势，以达到共赢的目标。市场型战略联盟是指企业为了扩大产品的市场占有率而进行的合作。企业都希望能够提高自身商品的市场占有率。但由于各国政策不同及文化方面的差异，企业想要进入新的市场面临着很大的障碍。战略联盟通过对联盟单位营销网络的管理，能充分利用联盟伙伴的营销资源，进而扩大市场范围。知识型战略联盟是指企业之间以知识为纽带的合作，包括知识的传递、共享、整合等形式。在知识型战略联盟中，知识因素是一切活动的核心，包括信

[①] 孟卫东,张卫国,龙勇.战略管理:创建持续竞争优势[M].北京:科学出版社,2004:19.
[②] 付俊超,杨雪,刘国鹏,等.产学研合作运行机制与绩效评价研究[M].武汉:中国地质大学出版社,2011:29-30.

息、技术、专利等。随着社会和科技的进步,知识型战略联盟的比重不断上升。按照合作对象划分,战略联盟可以分为产销联盟、供应联盟、与竞争对手联盟、与科研机构联盟、与政府部门联盟。按照合作的参与程度划分,战略联盟可以分为股权式联盟和契约式联盟。股权式联盟是指合作各方都相互持有对方一定股权的合作方式,是一种较深入的合作。契约式联盟是指合作各方通过协议规定的方式,在某些领域进行的比较松散的合作,包括技术开发合作协议、生产合作协议、特许经营等形式。①

战略联盟理论的基本特性主要包括:一是战略性,战略联盟是一种长期合作形式,对企业或组织具有较为长远的战略意义。战略联盟可以使各方互通有无,聚合各方的优势资源,共同降低风险指数,实现战略性的一盘棋发展格局。二是平等性,战略联盟合作各方的实力水平不能差距过大,否则难以以增强各方的实力为基本出发点。只有各合作方地位平等,经济上互利互惠,才能取得较好的效果。三是模糊性,战略联盟本身不具备独立的法人资格,而是为了某种利益而结合在一起的战略共同体,联盟成员之间保持独立的经营权,彼此依靠协议结成松散的整体,是一个动态、开放的系统。四是互利性,联盟成员通过战略联盟的形式实现资金、技术、人力等资源共享、优势互补,达到资源的优化配置和互利的目的,最大限度降低风险和成本,达到互利互惠的目的。②

(二)理论适用性

战略联盟理论的核心在于构建资源共享、风险共担、协同合作、长期稳定的合作关系,实现可持续发展。高职院校产业学院的本质在于通过多方参与,构建资源共享、协同创新、风险共担、利益共享、品牌共建的合作样态,实现产教融

---

① 付俊超,杨雪,刘国鹏,等.产学研合作运行机制与绩效评价研究[M].武汉:中国地质大学出版社,2011:30-31.
② 付俊超,杨雪,刘国鹏,等.产学研合作运行机制与绩效评价研究[M].武汉:中国地质大学出版社,2011:31-32.

合、校地行企共生发展。具体而言,产业学院通过签订战略合作协议,明确双方或多方的权利和义务,确保长期合作;通过校企合作共建实训基地、实验室等,共享设备和场地资源;通过校企联合研发建设平台,共同开展技术攻关,推动产业升级;通过校企合作拓展市场,为社会提供多元多样化服务等。由此可见,战略联盟是产业学院的一种重要组织形式。通过形成战略联盟,产业学院各主体之间能够建立相对稳定的组织方式,并制订相应的组织制度来约定合作各方的权利和义务,从而保障产业学院合作的有效运行。

三、社会共同体理论

（一）理论内涵

社会共同体理论被解释为"现实的人基于一定的目的、依据特定的契约、并以多样化的形式联合在一起的共同生活方式"[①]或"一个拥有某种共同的价值、规范和目标的实体"[②]。从构成共同体需要的三个要素来看,社会共同体需要具备以下条件:一是有共同的信念,即共同的价值取向,相互之间的、共同的、有约束力的思想信念作为共同体自己的意志;二是遵守共同的原则,拥有共同的利益,以及基于这些利益而建立的合作制度与规范;三是具有共同的奋斗目标,因为共同体的建立就是为了完成某种共同的使命,所以它具有共同的奋斗目标。[③]马克思主义的社会共同体理论认为,共同体就是生活本身,就是物质生活和精神生活、人的道德、人的活动、人的快乐、人的实质,人的实质也就是人的真正的共同体。共同体是寻求公共利益的组织,"这种共同的利益不是仅仅作为一种

---

① 陈凯.从共同体到联合体:马克思共同体思想研究[D].泉州:华侨大学,2017:28.
② 俞可平.从权利政治学到公益政治学[M]//刘军宁,等.自由与社群.北京:生活·读书·新知三联书店,1998:66-91.
③ 王继元.产教融合背景下高校行业学院研究[M].南京:南京大学出版社,2021:9-10.

'普遍的东西'存在于观念之中,而且首先是作为彼此分工的个人之间的相互依存关系存在于现实之中"①。共同体关注的是不同的主体,在同一个价值取向、同一个目标、同一个兴趣关注下,采取统一的行动,实现融合的发展。

社会共同体理论的基本特性主要包括:一是整体性,共同体体现为一种群体聚合,体现着一种整体性的发展诉求和目标,共同体内各组成成员都是主体;二是结构性,共同体从中心到边缘具有结构性和层次性,各组成成员在其中有着自己的角色和定位、目标和任务;三是目的性,共同体有着自己的组织、计划和目标,是基于一定的目标而建立起来的共同生活方式;四是统一性,在共同体中,个体的需求和利益通过共同体的整合而达成一种统一,以实现共同的利益和目标;五是历史性,共同体一般都是以目标的建立而产生,以目标的完成或者破灭而解散的,因此具有历史性。②

(二)理论适用性

社会共同体理论强调通过共同的目标、价值观和协作机制,构建一个紧密联系的社会群体,从而实现共同利益和可持续发展。高职院校产业学院作为一种校企合作模式,其本质是由高职院校、行业企业、政府和社会多方共同构建的教育共同体。产业学院的建设初衷是基于高等职业教育与行业企业等多方所达成的人才共育、资源共享、风险共担、利益共赢目标,依据行业和高校达成的契约而建立的有着共同的价值、规范和目标的实体。作为产教融合共同体的组织形式,产业学院全面地、典型地体现了共同体的结构,并具有鲜明的临时性、专项性、结构性、统一性和目的性等特征。作为产教融合共同体的表现形式,产业学院的最终目标是实现产业与教育的紧密对接,凸显高校人才培养的有效性、科研服务产业的实用性、企业人才供给的有效性和技术转型升级的适用性。

---

① 中共中央马克思恩格斯列宁斯大林著作编译局.马克思恩格斯全集:第三卷[M].北京:人民出版社,1960:37.
② 王继元.产教融合背景下高校行业学院研究[M].南京:南京大学出版社,2021:9.

基于社会共同体理论,高职院校产业学院可以通过构建共同目标、建立共享价值观、完善协作机制和积累社会资本来提升竞争力。社会共同体理论适用于高职院校产业学院的建设与实践。

第四章

域外高职教育产教融合模式比较分析

世界各国间经济、政治、环境等独特的差异性和多样性,决定了社会对劳动力层次要求不同,进而表现出职业教育与劳动力市场的契合度各不相同,职业教育发展的水平也存在差异。德国、美国、新加坡等发达国家在职业教育产教融合机制方面,呈现出多主体协同、职业教育与劳动力市场需求高度契合等特点。本章通过对域外较为典型的美国"合作教育"模式、德国"双元制"模式、新加坡"教学工厂"模式这三种产教融合模式进行对比分析,旨在发现各自的优劣势,为我国高职教育产教融合机制的进一步改革和优化提供借鉴。

一、美国"合作教育"模式

美国的产教融合始于 1862 年的《莫雷尔法案》(*Morrill Land Grant Act*)。自该法案颁布以来,美国的产教融合一体化经历了从 19 世纪初到 20 世纪 50 年代初的逐步形成,再到 20 世纪 50 年代末正式建立的发展历程。美国产教融合的典型模式是"合作教育"模式,该模式早在 1906 年就开始实施,提倡在职业教育进程中将企业与学校结合起来,形成企业与学校合作推进的模式。具体而言,新生入学后,先在学校学习半年,然后便以两个月左右的时间为期限,交替在企业进行实际训练和在学校进行理论知识学习,到毕业前半年,再集中在学校学习,最后完成毕业环节。这样做的目的是优化教学资源配置,充分利用企业设施设备,使学生在学习期间获得就业所需的技能和经验。"合作教育"模式的特点主要表现在以下方面:一是办学以学校为主,学校根据所开设专业需要,与有关企业取得联系,双方签订合作协议,以明确权利与义务。学校一方派教师到企业,指导、监督学生学习,同时沟通企业与学校双方的需求。企业则提供劳动岗位、劳动报酬,并派管理人员帮助学生适应劳动岗位、确保安全操作,与学校共同确定学生应该掌握的技能,共同评定学生的成绩、劳动态度、工作数量和质量等。二是教学时间大致按照 1∶1 进行分配,即学生有一半的时间在学校学习,另一半的时间在企业劳动,其实质是学校、学生、企业三方的合作,实现三方受益的教学模式。美国的职业教育在规模、质量和效率等方面都有值得学习和借鉴的经验。美国职业教育的重要经验便是产教结合。在这一模式下,工作训练成了学校教学活动的重要组成部分。为保证工作时间,美国规定三年制的学生工作时间不能少于 12 个月,四年制的学生工作时间不能少于 18 个月。进行轮换的每一个"工"和"读"学期的时间长度要大致相当,工作经历的时间不得少于 12 个月。三是学校在给学生安排工作时要更加主动地对接企业的需求,尽可能考虑企业的需求,使企业接收学生工作成为其训练职工和选择新职工的人力资源事业的一部分。同时,学生从事的是有薪酬的工作,不同于过去学校派学生到企业实习,学生是以员工的身份参与其中。①

在管理形式上,美国"合作教育"模式分为集中管理、分散管理和集中与分散相结合三种。集中管理是指以学校管理为主,在学校设有专门机构、专职人员负责"合作教育"的管理运行;分散管理是指以二级学院(系)管理为主,主要由教学人员承担"合作教育"的管理协调工作;集中与分散相结合则是由专职协调员和教师共同承担"合作教育"的管理协调工作。无论是哪种形式,学校在合作教育管理中都起到了主导作用。②

综合而言,美国"合作教育"模式呈现出以下一些经验和特点。首先,职业教育教师除了满足学历要求,还必须拥有与所授课程相关的企业工作经验;其次,职业教育与职业培训相结合,实现职业教育与企业生产经营的对接,确保职业教育的职业性特征;再次,学生在校期间为其提供学习机会时,还为其提供真实的工作环境,确保学生在企业实习期间是真正的雇员且是有偿实习;最后,更多知名企业深度参与合作教育,既为企业培养了优秀人才,也提高了就业率。美国"合作教育"模式实现了学与做的高度融合,真正满足了职业教育的职业性,做到了职业教育与经济发展的互促互进。

① 宋歌. 美国职业教育与经济发展互促共进的经验述论[J]. 职教发展研究,2023(1):11-18.
② 齐再前. 基于博弈论高等职业教育校企合作长效机制研究[M]. 北京:科学出版社,2016:41.

二、德国"双元制"模式

　　德国是世界知名的制造业强国。德国企业家认为一流的产品需要一流的技工,一流的工艺化操作才能成就具有竞争力的产品。德国制造业之所以取得成功,与职业教育的高度发达和全社会对技工的尊重息息相关。德国职业教育一直处于世界领先水平,其中"双元制"是关键,即学生既在企业里接受职业技能和与之相关的专业知识培训,又在职业学校里接受职业专业理论和普通文化知识教育。"实体经济+职业教育"正是德国国家核心竞争力的要素。[①] 德国"双元制"模式起源于18世纪末19世纪初,形成于手工业培训恢复和进修学校诞生的时期。1920—1970年,在德国工业领域的学徒培训和职业学校的建立过程中,"双元制"得到了巩固,并伴随着德国社会经济的发展而不断完善。"双元制"是一种教育制度,更是一种重能力、重实践的职业教育思想。"双元制"中的"一元"是指职业学校,其主要职能是教授学生与职业相关的专业知识;另"一元"是指企业,其主要职能是让学生在企业接受职业技能方面的专业培训。"双元制"以培养高水平的专业技术工人为职业教育的目标。德国"双元制"模式是职业教育产教融合形式的典型代表,是德国职业教育的支柱和核心。"双元制"职业教育的精髓可以概括为"两突出":一是学校和企业合作,突出企业培训;二是理论和实践结合,突出技能培训。[②]

　　"双元制"模式的运行逻辑如下:首先,受教育者需要和企业签订合同,具有双重身份,在企业是"学徒"、在学校则是"学生"。"双元制"实现了传统的培训方式与现代职业教育的有效融合。职业院校根据企业所需的职业技能设置专

---

① 姜大源.德国"双元制"职业教育再解读[J].中国职业技术教育,2013(33):5-14.
② 刘凤彪.借鉴德国"双元制"职业教育模式加速我国职业教育的改革与发展[D].保定:河北大学,2004:4-6.

业理论和实践课程。① 其次,学生的学习阶段在企业和院校交替进行,在企业实践的时间长于在院校学习的时间。因此,学生可以得到企业提供的生活补贴和法定的社会保险,这有助于减轻学生的经济负担。再次,"双元制"职业教育注重个性化培训,学生不仅可以得到实习的工作机会,而且由于实践时间较长,在此期间,学生和指导师傅可以进行密切互动,从而得到个性化指导。指导师傅针对学生的学习领域和自身特长进行指导,使学生能够更快地掌握专业技能和提高解决实际问题的能力。最后,学校与企业不仅共同参与制订培养计划,学校还会邀请相关企业的专业人士参与教学,将实际案例和项目与课堂教学深度融合,使学生更好地掌握知识,做到知识和技能高度契合。②

"双元制"模式的主要特点有三个。一是技能培训职业化,职业培训在两个完全不同的地方,即企业和学校进行,但主要是企业培训。企业培训时间是学校理论教学时间的 3~4 倍,以突出职业技能培训的重要性。职业学校的任务是教授与职业相关的基础知识和专业知识,特别注重培养未来职业的实用技能。二是企业参与度高,学校的每个专业都有一个专业委员会,专业委员会的成员主要由企业和学校代表组成,这些成员参与教学计划的制订、实施、检查和调整,以确保教学任务的完成。所有就读职业学校的学生必须与企业签订培训合同,合同内容包括培训目标、培训时间、培训年限和生活津贴等。进入企业参加培训时,学生的身份是学徒,培训过程由企业和学校二元主体共同参与。三是政府监管制度化。政府成立了"行业合作委员会",对企业和学校进行监督,并对与学校合作的企业给予一定的财务补偿。如果明确规定学生可以在德国实习,某些国家的税收可能会被免除。企业按照对学校财务支持的比例分享教学成果,学校接受企业的资助以培养企业需要的人才。③

综合而言,德国"双元制"模式呈现出以下一些经验和特点。首先,企业主

---

① 戴佳欣. 职业教育产教融合的国际经验与改进路径[J]. 南方职业教育学刊,2021,11(4):103-109.
② 吴全全. 德国、瑞士职业教育校企合作的特色及启示[J]. 中国职业技术教育,2011(27):91-94.
③ 高宏. 德国职业技术教育的特色及启示[J]. 教育与职业,2004(7):57-58.

导性强。"双元制"从学徒制发展而来,随着工业的发展,原本完全由企业承担的学徒制逐渐成为学校教育的补充。企业在"双元制"职业教育中发挥着决定性的作用。在两种教学安排中,企业的技能学习持续 3 ~ 4 天,学校的知识学习持续 1 ~ 2 天,学习者的身份首先是学徒,其次是学生。学生从综合中学毕业后,首先在企业中从事学徒工作,经过 1 ~ 4 个月的试用期后,相关协会会促使企业和学徒签订关于学习专业、工资标准和工作时间的协议。然后,学徒便开始接受职业教育。其次,社会参与度高。社会参与度高的职业教育保证了职业教育的社会支持,是"双元制"职业教育顺利推进的关键。在"双元制"职业教育中,介于企业与职业学校之间的各类非政府组织,负责职业教育的组织、协调、考试等事宜。《联邦职业教育法》明确规定了手工业协会、工商业联合会、牙医协会、药剂师协会等与职业相关的专业机构领域的教育内容,要求主管机构设立职业教育委员会,并规定职业教育涉及的所有重要问题,都要求报告专业教学委员会,并听取他们的意见,职业教育委员会应在其任务范围内致力于不断提高职业教育的质量。这不仅调动了社会参与职业教育的积极性,还把政府从烦琐的事务性工作中解放出来。最后,民众认可度高。德国民众承认职业教育,并愿意送子女接受职业教育。在小学转移阶段,大约2/3 的学生进入综合中学,是进入文科和理科中学学生人数的两倍。在分流时,学生只有 10 岁左右,无法明确自己未来的职业选择,基本上由家长和学校帮助学生选择未来的职业方向。这一方面反映了德国人对职业教育的认可,另一方面反映了德国的均衡发展,职业之间的地位和收入差异很小。从学生的角度来看,学生具有双重身份,既是学校的学生,也是企业的学徒。学生学习是为了适应企业未来的工作并胜任这些工作,将来毕业后,学生就是企业的正式员工,为企业服务,因此学习目的非常明确。[1]

---

[1]　周志成. 德国"双元制"职业教育的优势及启示[J]. 北京教育(高教),2018(1):40-42.

三、新加坡"教学工厂"模式

新加坡在亚洲经济发展中扮演着至关重要的角色,尤其是其教育实力更是不容小觑。教育建设一直是新加坡经济社会发展的基石。新加坡注重优先发展职业教育,通过超前发展职业教育来实现经济的快速增长。新加坡推出的独具特色的"教学工厂"模式,深受企业欢迎。① 20 世纪 80 年代初,"教学工厂"模式由新加坡南洋理工学院院长林靖东提出,该模式强调把教学和生产实际紧密结合,使学校工厂化,给学生一个生产环境,让学生通过实践学到实际知识和技能。为了打造"教学工厂"模式,新加坡借鉴德国"双元制"、英国 BTEC、澳大利亚 TAFE 等先进的职业教育产教融合模式,并在此基础上将学术教育与技能培训紧密结合,让学生在职业技能和学术知识上得到充分培养。"教学工厂"是指按照工厂模式办学校,给学生一个类似于工厂的学习环境,让学生通过真实的生产和实际的项目设计,直接学到实际的知识和技能。具体而言,学校从生产厂家承揽工业项目,生产厂家以提供或借用的方式在学校装备一个和实际工厂一样的生产车间。学生在教师、师傅或技术人员的指导和训练下,进行实际生产操作,学会毕业后所从事的职业岗位必须掌握的基本技能,真正做到"学以致用"。换言之,"教学工厂"模式强调以学校为本位,在现有教学系统基础上营造实际的企业氛围,通过企业项目和研发项目来培养学生的知识应用能力和创新能力。学生所做的项目是企业当前最需要开发的实际项目,学生在"教学工厂"里所生产的产品是企业正在生产和销售的产品,这使"教学工厂"真正意义上成为落实产教融合机制的载体。②

---

① 周辉,张成.新加坡"教学工厂"校企合作模式的研究与实践[J].教育现代化,2017,4(31):113-114.
② 张珣,李运顺,李国勇.新加坡南洋理工学院"教学工厂"产教融合模式的经验及启示[J].职业技术教育,2021,42(11):76-80.

　　"教学工厂"模式的主要特点是教育教学理论和方法意识超前、环环相扣、互相支撑融合,主要表现在以下四个方面。一是专业开发坚持预测企业需求,慎重开发、优化布局。学校时刻关注和研究新加坡经济发展、企业需求变化及国际新技术,特别是高科技的发展动向,有针对性地预判企业发展趋势,超前2～3年对企业未来发展方向和技术技能进行积极准备,以培养当前和未来社会急需的专业人才。对落后于经济社会发展的专业,均不再开设,并适当调整优化院系设置。项目教学法坚持学校本位、企业为用。二是"教学工厂"模式集校园、管理、课程、教学方法和模式、企业项目、实习实训等于一体,学校在教学中营造实际的企业环境,学生自入学起即参与由教师指导的企业项目和研发项目,进行真实的学习和训练,将所学知识和技能应用到实际项目中并加以创新。通过培养理论知识、实践技能、职业素养和创新能力,学生毕业后即可快速适应实际工作岗位需求,缩短现代企业人才需求与学校教学之间的距离。校企合作坚持项目开发和科研合作的模式。三是学校与新加坡国内外大中型企业密切合作,共同培养服务新加坡或合作所在地经济社会发展急需的人才,促进了新加坡或合作所在地的经济发展和人力资本积累。新加坡"教学工厂"模式的特殊之处在于先进知识、技术、项目研发活动多数出现在学校,而企业作为需求方和用人方,对校企合作开发项目、开展科研和培养人才具有强烈的意愿。通过校企合作,企业为学校提供先进设备、研发资金和实习岗位,供学校教学、研发和培养适应型人才;而学校则为企业提供研发场地、专业人才、解决技术难题或设计开发项目、产品和服务,实现技术超前、知识超前等校企双赢。同时,校企紧密合作使教师的知识和技能不断更新,真正做到用明天的技术培养今天的学生。四是实习实训坚持纵横交错。实习既是教学的重要环节,也是学生取得学分并得以毕业的重要依据。校内实习实训教学环节的设备设施先进,可满足教、学、做一体化的项目教学开展,有利于培养学生综合运用所学知识解决实际问题的能力。①

综合而言,新加坡"教学工厂"模式呈现出以下一些经验和特点。首先,新加坡以企业发展趋势和需求作为专业规划的出发点,超前培养专业师资队伍,以足够的专业师资力量来保障"教学工厂"课程的顺利开展。其次,政府在推动教育发展方面扮演着重要角色。新加坡职业教育非常重视学生的实训环节,把学生参与工作前期就能为企业创造效益作为实训目标。为了保证学生掌握最先进的设备操作技能,职业院校的教学设备通常比实际工厂的设备更先进。最后,政府、企业、学校三元主体的模式保障"教学工厂"发挥最大作用,政府进行顶层设计,企业提供有力支持,学校保障执行。依靠政府的引导、财政的支持,新加坡"教学工厂"模式实现了政府、学校和企业三者的互补互利,真正做到了"源于企业、用于企业",并开辟出了新加坡产教融合的新途径。

四、域外高职教育产教融合模式小结

全球化和技术的迅速发展正在彼此交织,塑造着当今世界的面貌。人口的变化使劳动力市场更为紧张,如何保持持续的就业能力成为全球各地都必须面对的挑战。通过对德国、美国、新加坡三个国家职业教育的分析,笔者发现,无论是德国"双元制"模式、美国"合作教育"模式,还是新加坡"教学工厂"模式,其核心都是"产"与"教"的深度融合。从中宏观层面看,立法层面的保障促进了企业全过程参与职业教育人才培养,优惠政策和规定性政策为校企合作提供了动力。从微观层面看,企业作为产教融合的主体,定向培养企业自身的员工,同时对聘用的员工更加满意;职业院校的学生有效学习,不断优化学习方法并提升职业技能,在学习的过程中更好地认识自身职业发展的路径,并弄清楚自

---

① 张珣,李运顺,李国勇.新加坡南洋理工学院"教学工厂"产教融合模式的经验及启示[J].职业技术教育,2021,42(11):76-80.

己的喜好和擅长的领域。

　　综合而言,优质的职业教育首先得益于体制机制的全面建立与实施,以及职业教育发展行动纲领的形成。其次,优质的职业教育充分体现了职业特性,为了实现产教深度融合,落实了师资配套、企业实训、导师帮带等措施。最后,产教融合不只是学校和企业两者参与,而是需要多主体参与,需要政府财政支持、企业责任参与、学校定向培养的模式,对于解决青年学习就业、企业人力需求与供给匹配等问题具有协同推进作用,主要体现在以下几个方面。

(一)通过产学结合链接经济发展和个人成才的关系,夯实产教融合的认识基础

　　先进职业教育产教深度融合来源于参与主体的积极联动,体现出产教融合本身并非目的,而是人才培训的一种途径和手段。[①] 企业不仅参与制定人才培养方案、课程设计,以及实施教学方案,还负责学生实训部分的学习。这种清晰的参与方式是产教深度融合的关键因素。企业通过直接参与产教融合的培养方式,直接获利于培养的学生,使这些学生更好地为企业服务,由此在学院、企业和学生之间建立起良性循环。

(二)基于顶层设计健全法律法规的要求和提倡,优化产教融合的制度环境

　　先进职业教育产教深度融合注重顶层设计,有完善的机制。国家和地方政府不仅有政策倡导,更以立法的形式制定了具体的法规和条例,以确保产教融合的稳固推进,这些法规和条例明确了政府、学校和企业在产教融合实施过程中的责任和义务。例如,德国"双元制"模式的切实推行,主要得益于德国职业教育法的规定,即德国300多个职业必须采用职业院校和企业双元制模式来培养企业自己的员工。通过健全产教融合相关法规和制度,统筹协调各级相关部

---

① 和震.产教融合本质内涵和基本规律的洞察与把握[J].中国职业技术教育,2024(15):25-29.

门,积极促使其联动,为职业院校推行产教融合畅通道路、提供多方保障。

(三)引导企业和学生在人才培养过程中深度参与,构建产教融合的实践生态

在校企关系方面,美国"合作教育"模式是以企业为本位的校企合作模式,通过"双师型"教师的培养及职业教育与企业生产经营的对接,确保了职业教育的职业性特征;德国"双元制"模式是校企双主体的教育模式,将传统的培养方式与现代职业教育有效结合;新加坡"教学工厂"模式是以学校为本位的校企合作模式,通过企业的教学理念来实现产教融合。由此可见,为了促进职业教育的发展,我们需要加强政府统筹协调力量,拓展参与产教融合的行业范围,增加参与产教融合的企业数量,从而让更多的学生真正获得到企业实训的机会,同时鼓励企业积极参与学生的培养过程,可以是"学徒制"形式,也可以是"教学工厂"形式,其根本目的是让企业认识到所培养的学生是可用、能用且好用的,从而促使企业可持续地发挥主体职能,推动职业教育的蓬勃发展。

第五章

高职院校产业学院调研分析

"什么样是现实层面的产业学院""什么样是理想层面的产业学院",这两大问题是本研究的原点问题,也是明晰产业学院样态的关键问题。本章通过分析高职院校新工科、新医科、新农科、新文科四类典型的产业学院案例,以及实证调研,展现高职院校产业学院的实然样态,并从实然样态来看高职院校产业学院"实为何样"中的现状、经验及问题,白描出高职院校产业学院现实层面的"画像"。最后,通过提炼总结出"应然样态",勾勒出高职院校产业学院理想层面的"画像"。

一、高职院校产业学院的典型案例

(一)新工科产业学院案例

1. 山东商业职业技术学院(山东)——"四链"融合视域下冰轮产业学院的探索与实践

(1)实施背景

山东商业职业技术学院是 1999 年经教育部批准设立的省属高职院校,办学历史可追溯到 1936 年的济南私立惠鲁工商职业学校。经过 80 多年的积淀,学校以"立德树人,兴商润民"为使命,以"创高职名校,施优教于民"为目标愿景,秉承"尚德蕴能,日精日新"的校训,坚持为社会用人需求服务,为学生就业成才服务,软商硬做、冷链暖心,教学质量、办学特色得到了社会各界的广泛肯定。学校建有毗邻蟠龙山风景区的彩石教学主校区和洪楼双创孵化园区、天桥培训校区。学校是中国特色高水平高职院校(A 档)建设单位、国家示范性高职院校中的优秀学校。学校曾荣获"全国职业院校实习管理 50 强""全国职业院校教学管理 50 强""全国高职院校国际影响力 50 强""高等职业院校服务贡献50 强、教学资源 50 强""2018、2019 亚太职业院校影响力 50 强""全国高职院校就业质量 50 强"等称号。

学校下设马克思主义学院、数字营销系、云计算技术与应用系、财经会计系、乡村振兴系、冷链物流与供应链系、食品工业系、现代金融系、健康养老系、文化创意系、工商管理系、信息技术系、应用电子系、基础课教学部(语言文字办公室)、国际交流部 15 个教学单位,设有福瑞达生物工程学院、冰轮工程学院、华为 ICT 学院等企业冠名学院,开设市场营销、云计算技术与应用、大数据与会计、旅游管理、制冷与空调技术、食品检验检测技术、金融服务与管理、智慧健康养老服务与管理、视觉传达设计、工商企业管理、计算机应用技术、集成电路(微电子)技术等 51 个专业。

学校面向现代商贸流通服务行业构建了以"软商硬做、冷链暖心"为特色的国家级高水平专业群,服务乡村振兴、网络强国、数字中国国家战略,对接地方经济和山东省十强优势产业,形成了以"服务现代服务业、助力高端制造业和现代农业"为目标的数字经济下高技术服务业专业集群。

学校坚持实施"名校名企育优生"战略,深入推进产教融合校企合作。与龙头企业、产教融合型企业和知名高校共建 12 个行业产教融合共同体;与省级高新区、经开区共建 4 个市域产教联合体。牵头组建 6 个开放型区域产教融合实践中心,校企合作共建 1 个校企合作典型生产实践项目,1 个省级现场工程师项目,1 个省级校企一体化办学项目。构建"一院一体一基地"产教融合新模式。与京东、百度、海信、浪潮、重汽、华润、鲁商、华住、冰轮、西门子、科大讯飞等国内外知名企业紧密合作,助力产教融合型企业建设,建有福瑞达健康产业学院、冰轮产业学院、商业智能机器人应用产业学院等 10 所产业学院,在教材建设、课程置换、师资培养、实习就业等领域进行深入合作,培养了大量的现场工程师。

为贯彻落实《国务院办公厅关于深化产教融合的若干意见》《教育部办公厅工业和信息化部办公厅 国家知识产权局办公室关于组织开展"千校万企"协同创新伙伴行动的通知》《关于推动现代职业教育高质量发展的意见》和新修订的

职业教育法等文件精神,坚持立德树人,立足区域发展,依托名校名企优势,实践"基因传承+专业教育+职业技能+就业指导+创新创业素养"全人教育模式,山东商业职业技术学院与冰轮环境技术股份有限公司(简称"冰轮环境")合作建立了冰轮产业学院,为高职院校深化产教融合、推进"千校万企"协同创新伙伴行动、推动"四链"深度融合开辟了一条崭新的道路。

历经多年探索实践,双方合作办学已累计为制冷空调行业源源不断地培养和输送了近万名高素质、高质量的制冷专业人才,形成了"有制冷空调,就有山商人"的局面,这些人才遍布国内30个省级行政区及越南、南非、秘鲁等120个国家,构成了中国制冷空调行业的绝对中坚力量。师生获得包括第二届"互联网+"大学生创新创业大赛全国金奖在内的41项国家级大赛奖项。教学团队获得"省级教学团队称号",并获得省级教学成果一等奖2项、二等奖1项、三等奖1项。产业学院牵头制定国家职业教育制冷专业等5个教学标准,开发省高等职业教育制冷、冷链专业教学指导方案,并编写制冷工等3个工种职业技能鉴定国家题库,建成1门国家精品资源共享课,8本国家规划教材,1个国家教学资源库及4门子课程。在个人荣誉方面,1人获"全国技术能手"称号,1人获省"从事高教研究工作逾二十年有重要贡献学者"荣誉,2人被评为省级教学名师,1人入选"山东省高层次人才"。在科研成果方面,发表17篇SCI、EI论文,获得10多项发明专利,并承担21项国家教科研课题、项目等。

(2)主要做法

①科学谋划,系统设计,推进产业学院体制机制创新

产业学院实行理事会领导下的院长负责制,按照企业运行架构,常设教育教学管理部与企业项目运行部两大职能机构。理事会成员由企业高管、科研人员、学校管理人员组成。企业以实体产业经济组织参与,形成共建、共育、共管、共赢的一体化发展机制。在资金投入上,产业学院采用多元投资主体结构;学校在教育教学、教师队伍、教学设施、办学场地和实验实训设备等方面进行投资;合作单位以资金、提供校外办学场地、实验实训设备等形式进行投资或捐赠。图5-1为校

企主导、政府推动、行业指导、学校企业双主体实施的合作机制分工图。

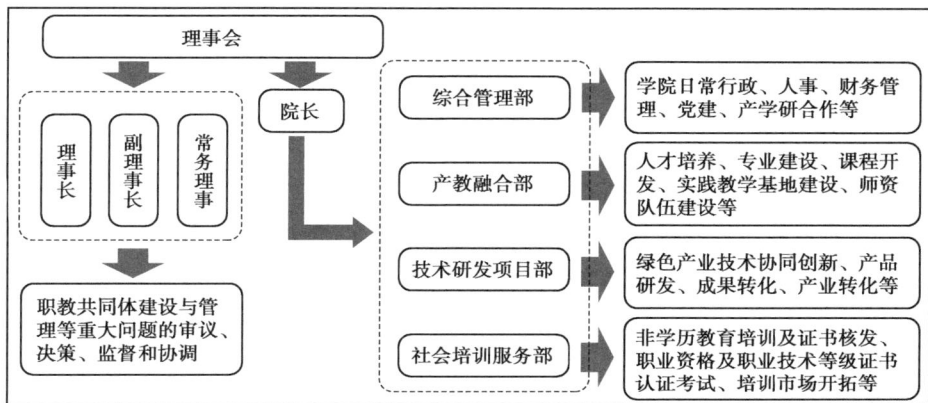

图 5-1　校企主导、政府推动、行业指导、学校企业双主体实施的合作机制分工图

②深度对接冷链物流产业链，打造专业交叉复合特色专业群

为更好地服务冷链物流产业集群发展，实现人才开发与产业发展深度对接、融合聚变，促进产业链、创新链与人才链的耦合匹配和精准对接，山东商业职业技术学院及时组建智慧冷链物流专业群，以制冷与空调技术专业为核心，冷链物流技术与管理、现代物流管理、电气自动化技术 4 个专业协同发展，培养冷热耦合领域发展急需的复合型、创新型人才。

③创新产教融合人才培养模式

冰轮产业学院构建"以职业能力为目标、以工作过程为主线、以工作实践为行动"的"1+1+1"中国特色现代学徒制人才培养模式，从职业能力、职业认证、科学研究、创新创业 4 个方面形成人才培养闭环，建立起多层次、广覆盖、立体化"产—学—研—用—创"教育生态体系，实现专业教育与职业成长同步发展。

坚持面向人人、多元发展的理念，致力于协同创新课程体系与课程设计。为此，产业学院打造了专业群技能轮换模块课程和技能提升模块课程，延展了专业群特色课程模块，并优化修订了专业群共享课程标准，完善了"冷链智能+"新形态教学资源，开发了一系列校企合作精品课程和活页式、工单式精品教材，并深度开发了数字课程资源。

为解决教材等教学资源落后于产业技术发展的问题,山东商业职业技术学院与冰轮环境、山东神舟制冷设备有限公司、济南欧菲特制冷设备有限公司等合作企业联合推行"互联网+""智能+"等多元化教学模式,引入企业能工巧匠进入教学团队,按课程配备校内校外"一主多辅"多名教师参与教学,强化校内教师与行业的联系,以利于及时更新教学内容。在教材方面,《制冷原理与设备》已完成了活页式教材的开发,便于及时增减内容和更新企业实际案例;《户式中央空调》则开发了手册式教材,按照国家和企业的标准来开展课堂教学与实践教学;另外,还配套了数字化教学资源、视频教材和虚拟仿真培训教学资源,以完善课程资源包。产业学院还建立了开放共享的信息化教学资源平台,实施线下线上相结合的混合式教学模式,确保教学内容与产业发展同步。图 5-2 为冰轮产业学院人才培养方案课程体系。

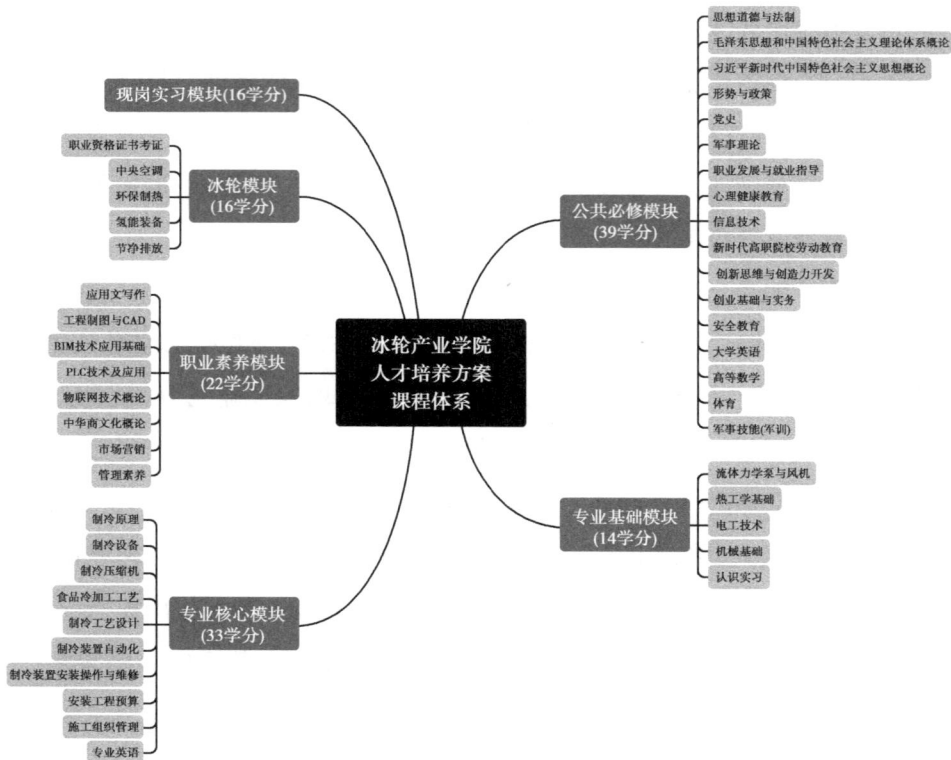

图 5-2　冰轮产业学院人才培养方案课程体系

　　平台塑造,双引资源,协同建立多元化、实景化、系统化实训基地(表5-1)。该基地依托全国高职唯一的国家级农产品现代物流工程技术研究中心、联合国环境规划署资助建立的中国制冷维修行业良好操作国家级培训中心(图5-3)等国家级平台,引进国际标准化实训流程项目,引入企业实际工程项目、企业成果转化项目,构建兼具教学、生产、科研、创新功能的实践教学和实训环境。实训室设备紧随行业发展水平,实训内容紧跟《〈关于消耗臭氧层物质的蒙特利尔议定书〉基加利修正案》和《京都议定书》框架下的制冷剂替代方案。冰轮产业学院对实践教学内容进行了固化,并将其细分为制冷行业的小型制冷装置维修模块、中央空调运维模块、冷库系统运行与调试模块、多联机维修模块等模块化实训教学内容,并配套制定了实践教学标准。

图 5-3　中国制冷维修行业良好操作国家级培训中心

表 5-1　校企、校政合作共建校内实训基地

序号	基地名称	合作共建企业	实习项目
1	制冷压缩机实训室	烟台冰轮环境、欧菲克制冷有限公司	制冷压缩机一体化教学；压缩机的构造、拆装与检测
2	大金 VRV 实训室	大金(中国)投资有限公司	VRV 系统的安装、调试、维修
3	美的空调实训室	美的空调公司	多联机、户式中央空调系统、空气源热泵系统检修与操作
4	制冷空调系统设计实训中心	鲁商设计院	CAD、制冷工艺设计一体化教学；冷空调系统设计
5	中央空调实训室	顿汉布什(中国)	中央空调系统结构、调试、操作与检修
6	良好操作实训室	环保部(现生态环境部)	制冷空调系统良好操作实训
7	二氧化碳制冷实训室	环保部(现生态环境部)	完成自动化生产线的安装、编程、调试

遵循规律,共同发力,协同培育学生的职业综合能力。为了配合实施教学生产化,冰轮产业学院教学团队依据职业生涯发展规律,将人才培养过程与企业员工成长过程相匹配,制订了科学高效的人才培养计划。第一学年,学生在产业学院实训基地,基于岗位职能开展专业基础课学习与职业基本技能训练;第二学年,学生在企业工厂车间,完成核心技能的强化训练,基本具备正式从业的综合职业能力;第三学年,学生以准员工身份与企业方进行实习签约,或由企业方进行人才输送(人才派遣)与行业优质企业签订就业协议,实现从学校到企业的无缝对接。

(3)成果成效

①多方联动育匠才,铸就技能人才高地

冰轮产业学院积极适应发展新常态,推进职业教育转型升级,在专业建设、人才培养、教学质量等方面实现了质的飞跃。

专业（群）建设特色先行。智慧冷链物流专业群获批为山东省高水平专业群。制冷与空调技术专业是国家高职高专精品专业、国家教育教学改革试点专业、国家示范校重点建设专业。山东商业职业技术学院多次被认定为山东省校企一体化合作办学示范院校和企业。

人才培养量质齐升。学院培养的人才遍布国内 30 个省级行政区以及越南等 120 个国家。师生在国家级大赛中获得了 41 项奖项，其中，以水产品无水保活物流集成技术为创业项目获得了全国第二届"互联网＋"大学生创新创业大赛金奖。

教学质量走在前列。牵头制定国家职业教育中、高、本三个层次的冷链、制冷等 10 个专业教学标准、实训条件建设标准，起草行业标准《冷链物流从业人员标准职业资质》，开发山东省高等职业教育制冷、冷链专业教学指导方案，编写制冷工等 3 个工种职业技能鉴定国家题库；主持冷链专业国家教学资源库 1 项、国家规划教材 8 本、国家精品资源课 1 门，获省级教学成果一等奖 2 项、二等奖 1 项、三等奖 1 项，获省科学技术进步奖二等奖 1 项。

②紧扣国家创新发展战略，服务区域经济和社会发展

学院依托团队人力资源及技术优势，与行业知名企业深入开展校企合作，以技术支持、职业鉴定、认证培训、资源共享及对口支援等方式开展社会服务。特别是，科研团队研制的二氧化碳复叠制冷循环机组，打破了欧盟的技术壁垒，出口至法国；研制的二氧化碳直冷制冰设备，成功用于 2022 年冬奥会国家体育馆和国家速滑馆"冰丝带"；研发的无水运活鱼技术、跨境物流保鲜技术，初步实现了产业化，促进了生鲜农产品冷链物流行业的全面革新。

③坚持对外交流与合作，推动职业教育国际化

学院引入联合国环境规划署易燃制冷剂良好操作维修规范和德国 BFS 制冷空调良好操作培训体系，将其本土化，开展职业院校骨干教师培训、退役士兵异地培训、鲁渝扶贫协作培训等项目，引领行业技术技能发展。

服务国家共建"一带一路"倡议，学院承办商务部援外培训项目，为利比里

亚等 15 个共建"一带一路"国家开展技术技能培训,输出中国的优质技术技能标准;赋能中国企业"走出去",累计培训企业员工 1 200 余人,遍及 120 个国家,协助企业开创了新发展格局。

(4)推广应用

①案例成功的关键与经验启示

一是国家政策利好。新修订的《中华人民共和国职业教育法》等国家文件的颁布实施,为职业教育的发展明确了方向,为学校提供了前所未有的优质政策环境。二是学校理念先进。山东商业职业技术学院以"立德树人,兴商润民"为使命,以"创高职名校,施优教于民"为目标愿景,坚持为社会用人需求服务,为学生就业成才服务,教学质量、办学特色得到了社会各界的广泛肯定。三是产业学院定位清晰。冰轮产业学院坚持"以人为本、民主管理、依法治院、教授治教"的理念,以培养高素质的技术技能型人才为目标,建设具有商科特色的智慧冷链物流专业群。

②存在的不足

一是冰轮环境参与职业教育的深度有待进一步加强。冰轮产业学院的建设应共同推进冰轮环境与学校的全面技术合作,形成专业与产业相互促进、共同发展的新格局,努力实现"校企合作,产学共赢"的目标。二是企业参与职业教育,要实现产教深度融合,就需要开展多方位的合作,融入上下游产业链的行业企业资源,形成多方共建共享的机制。

③推广成效

一是要强化企业深度参与职业教育专业群建设,探索中国特色学徒制,实现产业经验和专业教育融合、社会实践与业务发展融合、产业发展与专项研究融合、人力资源与人才培养融合、品牌战略与社会形象融合。二是要进一步开展多边技术协作,共建技术技能创新平台,更好地辐射服务其他中小微企业技术升级和产品研发,培养更多高素质技术技能人才、能工巧匠、大国工匠,助力职业教育提质培优。

2. 宜宾职业技术学院（四川）——一碗燃面点"燃"燃面产业学院

（1）实施背景

宜宾职业技术学院是由宜宾市人民政府举办，四川省人民政府教育行政部门主管的全日制综合性普通高等职业院校。学院始建于 1934 年，前身是宜宾初级农作科职业学校，2002 年由四川省宜宾农业学校、宜宾农业机械化学校（宜宾工业学校）和宜宾成人中等专业学校合并组建而成，拥有 90 多年的办学实践和历史积淀。

学院联合头部企业，深耕骨干企业，服务中小微企业，构建校企一体化、股份制合作、项目制合作、捐赠合作等 4 种产教融合模式，深化产教融合、校企合作成效显著。与五粮液、凤凰卫视、华为、百度、四川时代、华中数控、大族激光等头部企业联合开展技术创新，合作共建"五金"。建有新能源电池学院、华为 ICT 学院、四川（宜宾）互联网学院、宜宾燃面学院、元宇宙产业学院、清洁能源装备制造产业学院等 8 个现代产业学院，白酒、畜牧、茶叶 3 个省级产教融合共同体，形成了 40 余个产教融合重点项目，2 个案例入选教育部产教融合、校企合作典型案例，1 个案例入选全国机械职业教育教学指导委员会产教融合校企合作典型案例。宜宾职业技术学院坚持前瞻性思考、全局性谋划、整体性推动，坚定职业教育类型自信，探索校企一体化发展和"公益性+市场化"的产教融合发展新路径。学院坚持与国家战略同向同行，与地方经济相融相生，致力于构建高水平产教融合生态圈，以特色产业学院——宜宾燃面学院为切口，将现代数媒技术与非遗燃面技艺相结合，唤醒并激活宜宾燃面产业，推动其高质量发展，全面深化、拓展新时代职教改革创新，在一碗燃面里装上一系列鲜活的产教融合新故事。

宜宾燃面，原名叙府面，旧称油条面，是中华名小吃、省级非物质文化遗产，是与万里长江第一城、五粮液齐名的宜宾老名片。据《华阳国志·蜀志》记载，蜀人"其辰值未，故尚滋味；德在少昊，故好辛香"。实际上，宜宾燃面产生于长江水码头的特殊生产生活环境。古代陆路交通不发达，而长江水运交通则十分繁忙,为适应水码头作业特殊群体对食物方便、快捷、扛饿、祛风除湿的需求,宜宾燃面慢慢衍生而出。宜宾燃面是世界面食中唯一叫"燃面"的,同时因为其主要佐料宜宾芽菜也是世界上唯一的,所以宜宾燃面具有宜宾独特的地标味觉和人文记忆。长期以来,宜宾燃面已经演化为宜宾味道的象征,承载着宜宾儿女对家乡的思念,也唤起了曾经旅居宜宾的外地宾客对宜宾的留恋。中央电视台《舌尖上的中国》等栏目多次专题报道宜宾燃面。改革开放以后,历届宜宾市委、市政府及宜宾民众都希望把宜宾燃面产业做大做强做优。然而,出于各方面的原因,宜宾的燃面产业长期处于民间自发发展的散、弱、小状态,这成为460多万宜宾儿女心中隐隐的遗憾。

2021年3月31日,宜宾燃面学院正式成立。作为宜宾职业技术学院的特色产业学院,宜宾燃面学院肩负着传承和发扬宜宾燃面的重要使命。通过政府支持、产教融合、校企共推、市场运作的运营模式,宜宾燃面学院旨在培养专业人才、研发创新产品、制定产业标准、推动绿色认证,以及传承非物质文化遗产。

(2)主要做法

①制定行业标准,引领产业发展

宜宾燃面学院联合行业龙头企业和专家,牵头制定宜宾燃面的制作和质量标准。已立项标准包括《宜宾燃面质量标准 第1部分:通用技术标准》《宜宾燃面质量标准 第2部分:非油炸方便面》《宜宾燃面质量标准 第3部分:秘制香油》,正在推进宜宾燃面碱水面与碱干面的标准制定工作。

②传承非遗技艺,守护文化根脉

宜宾燃面学院致力于保护和传承传统制面技艺,组织专家对技艺进行了系统的梳理和深入的挖掘,并通过开设非遗课程、举办讲座和实操工坊、研学等多种形式的活动,向年轻一代传授非遗技艺的精髓和魅力(图5-4)。

③全面培养人才,扩大社会影响力

宜宾燃面学院专注于提高燃面制作技艺的专业水平。学院根据学员特点,开设了"老板班""技师班"等特色课程,并配备了全面的教学体系和实操内容。

通过建立省级"劳模和技能人才创新工作室"和成功申报宜宾燃面师"川字号"特色劳务品牌(图5-5),学院为学员创造了更多职业成长机遇,增强了行业认可度,为产业人才培养奠定了坚实的基石。

图5-4　宜宾燃面学院非遗传承进校园

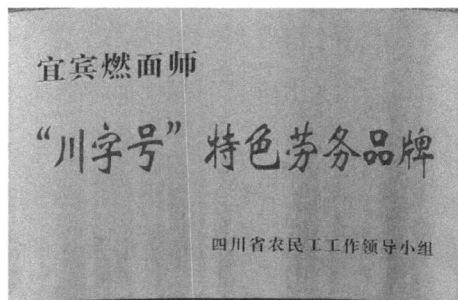

图5-5　宜宾燃面学院宜宾燃面师"川字号"特色劳务品牌

④推动产品创新,满足市场需求

为了满足消费者不断变化的口味和需求,宜宾燃面学院首创的冲泡型燃面专用面饼,采用天然食材改善面饼品质,同时加入高筋面粉和魔芋粉提升面条的口感和营养价值。相比市面上实体面馆燃面,冲泡型燃面新产品不但还原度高达90%以上,而且添加剂使用更少,更加健康(图5-6)。

图 5-6　"宜宾燃面"商品

⑤成立品牌公司,领军燃面产业

宜宾技状元燃面产业发展有限公司(以下简称"技状元")为宜宾职业技术学院校办企业,依托学院及宜宾燃面学院的顶尖技术团队,由第三代非遗代表传承人曹祉清大师领衔,集结了食品工程、市场营销、文创设计、企业管理等领域的20余位顶尖专家和资深技师,成为燃面产业的领军者。技状元精准洞察现代消费者的双重需求,首创冲泡型宜宾燃面,不仅保留了非遗传统的美味,更适应了现代快节奏的生活方式,实现了美味与便捷的完美结合。在销售渠道多元化战略方面,搭建新零售平台,技状元创立"技状元·宜宾燃面"小程序,构建自有电商生态系统。在合作网络扩展方面,技状元与行业领先企业如中国石化、红旗连锁、美宜佳等建立深度合作关系,打造多元化的销售网络。在品牌标准化与连锁化推进方面,技状元推行统一的店面形象(图 5-7)和标准化服务流程,实施"六统一"标准。在城市合伙人模式创新方面,技状元转变传统分销和加盟模式,建立更为紧密的合作关系,加速品牌市场扩张。同时,技状元的产品在各大赛事中表现优异,2023 年更是荣获了中国特色旅游商品大赛银奖。

图 5-7　"技状元·宜宾燃面"店面

⑥规范行业发展,构建服务体系

一是推进燃面产业的规范化与持续发展。宜宾燃面协会依托宜宾职业技术学院强有力的技术支持,正全力推进宜宾燃面产业的规范化与持续发展。二是加强品牌保护。宜宾燃面协会已启动"宜宾燃面"团体标志商标的注册,并将执行严格的商标使用监管,以法律手段规范品牌形象。三是制订"三助"计划,全面支持产业发展。"助企",宜宾市燃面协会与宜宾农村商业银行股份有限公司签约,银行支持燃面产业发展,加大对燃面产业的金融支持力度,提供意向性贷款授信人民币 1 亿元支撑燃面相关企业贷款融资需求。"助学",宜宾燃面协会与中国电信宜宾分公司等合作,通过"燃动助学"计划在校园推广宜宾燃面文化,资助学生发展。"助残",与宜宾市第四人民医院精神康复中心合作,开展"燃动助残"计划,为康复人员提供就业机会,帮助他们实现社会融入与经济自立。四是构建"政府—协会—企业"服务体系。通过构建并优化"政府—协会—企业"服务体系,宜宾燃面协会充分发挥桥梁与纽带作用,为企业提供实质性帮助,强化行业自律与协调,共同维护和提升宜宾燃面的区域公共品牌形象。

⑦产教融合抱团,组建地方共同体

地方特色(非遗)食品行业产教融合共同体(以下简称"共同体")由广西螺霸王食品科技有限公司、柳州职业技术大学、江南大学牵头,联合行业内上下游企业、科研机构、大中专院校组建而成,聚集了柳州螺蛳粉、宜宾燃面、宝鸡擀面皮、湖南平江辣条、广西宜州粽子等 10 余种地方特色食品。2024 年 7 月 18 日,共同体正式成立(图 5-8),目的是推动产教资源融合,解决人才需求和技术创新问题,精准服务地方特色食品产业,让地方特色美食更加"出圈"。在推进校企协同育人方面,共同体计划建设技术技能人才培养中心、继续教育与培训中心、产教资源研发中心等;在协同技术攻关方面,共同体将聚焦行业发展关键核心技术,构建技术创新中心,设立中间试验专业基地,计划在院校设立中间试验基地分中心,发挥职业院校优势,构建专业"中试车间"。

**图 5-8　地方特色(非遗)食品行业产教融合共同体成立大会
暨地方特色产业学院联盟 2024 年年会**

(3)成果成效

①燃面思考:产教融合中的哲学思维

2019 年,宜宾职业技术学院聘请了第三代宜宾燃面非遗代表传承人、国家级烹饪大师曹祉清作为学院的客座教授,并成立大师工作室。2021 年 3 月底,宜宾燃面学院正式成立,引发网络热议、冲上热搜。2021 年 5 月,宜宾职业技术学院校办企业成功注册"技状元"商标,重新对宜宾燃面产业进行谋划设计。2021 年 8 月,"技状元·宜宾燃面"中央厨房建设启动,新产品研发加速,燃面技艺培训被列入非遗文化课,面向社会公众开放。同时,宜宾燃面学院师生走进中小学开展燃面非物质文化遗产普及活动,面向在校学生开展"一碗燃面报亲恩"活动。2022 年 7 月,曹祉清大师工作室被四川省总工会正式认定为省级技能大师工作室。2022 年 10 月,"宜宾燃面师"劳务品牌也被宜宾市人力资源和社会保障局正式认定。2023 年 3 月,调料、预制、即食三大家族"技状元·宜宾燃面"系列 20 个单品发布,宜宾技状元燃面产业发展有限公司成立,"技状元·宜宾燃面"产品绿色食品认证工作正式启动,各大媒体纷纷报道。"技状元·

宜宾燃面"系列产品受到广大消费者的普遍好评,宜宾燃面产业呈现出破茧成蝶的态势。

②燃面引路:服务地方就是服务国家战略

宜宾燃面学院成立之初饱受争议,与其他高大上的产业学院相比,的确"土味十足"。2021年4月26日,习近平总书记在广西柳州调研螺蛳粉产业时指出:"发展特色产业是地方做实做强做优实体经济的一大实招,要结合自身条件和优势,推动高质量发展。要把住质量安全关,推进标准化、品牌化。"四川省人民政府分管副省长在全省教育工作会上两次点明肯定宜宾燃面学院的建设成效,给了宜宾燃面学院做好学院工作与宜宾燃面产业的信心和底气。宜宾燃面学院优化设计宜宾燃面产业链、组织产品研发创新链、培育产品技术人才链、构建产业人才教育链,成立宜宾技状元燃面产业发展有限公司,把标准化生产和网络化销售联结起来,推动宜宾燃面产业繁荣发展。预计到2025年,"技状元·宜宾燃面"全产业链营收可以达到5亿元左右。宜宾燃面学院也从最初的被质疑到目前的被接受、被点赞。"技状元·宜宾燃面"引领宜宾燃面产业发展,让宜宾人看到了将燃面产业做大做强的希望。他们坚信服务宜宾,就是服务国家战略。

③燃面探索:融在关键各取所需,合为一体相互成就

宜宾燃面学院意在探索产教一体化的新模式,其逻辑结构分为四层:宜宾燃面学院作为特色产业学院,其核心任务是培养人才、研发产品、制定产业标准、推动绿色食品认证、传承非物质文化遗产;由宜宾燃面学院孵化的校办企业——宜宾技状元燃面产业发展有限公司,负责品牌运营、指导中央厨房建设、设计商业模式、拓展销售市场;承接中央厨房建设的企业,负责进行标准化生产、联合原料和调料基地进行标准化生产加工;在市场销售端,宜宾技状元燃面产业发展有限公司积极寻求多渠道合作,已经初步形成加盟连锁、集团采购、电商销售三个主渠道。融是关键,它贯穿人才培养全过程,把工匠型、创新型、创业型技术技能人才培养全面融入燃面产业的各个环节,同时又为燃面产业链上

的合作企业培养和输送人才。基于校企在人才培养方面的共同利益诉求,校企之间成为命运共同体,都找到了良性共生发展的关键所在。

④燃面创新:根植产业才能解锁关键办学能力

宜宾燃面学院作为特色产业学院,始终紧扣人才培养质量核心,把大师的非遗技艺与教师的理论优势结合起来,由曹祉清大师领衔,带领教师团队开发《燃面技艺》线上创新创业课程、视频教程20个,开发《宜宾燃面制作》劳动品牌教材1部、《燃面技艺》校本教材1部、实践指导书1部,筹备建设宜宾燃面"1+X"职业技能等级认证标准,并探索将两类职业技能标准统一起来,实现一次培训两个证书的对接。宜宾燃面学院在食品生物技术专业开设了燃面技师方向,在市场营销专业开设了燃面店长方向。按照分类分层教学改革设计,教师团队带领学生团队深入参与燃面标准体系建设、绿色认证、中央厨房实训、全程质量监管、燃面技术实操等,培养工匠型技术技能人才;深入参与燃面新产品研发、包装设计、数媒制作等,培养创新型技术技能人才;深入参与燃面电商营销等,培养创业型技术技能人才。

⑤燃面培优:让学生与产业共舞精彩

宜宾燃面学院将资源和技术等优势转化为人才培养优势,为学生全面发展服务,融入新技术、新规范、新工艺,优化课程体系,培养学生创新能力,不断提升学生专业知识与实践操作能力。宜宾燃面学院建设了600平方米的燃面理实一体化教学实训室,有培训教师20人、在校学生1 100人、燃面企业员工280人、社会创业人员58人。宜宾职业技术学院在实践探索中形成了"以学生为中心、以教师为根本、师生人人出彩"的发展理念,努力在各产业学院打造"教、学、做、产、研、培"一体化、共享型、生产性实训基地。按照"专业—就业—职业—趣业—事业"的职业发展逻辑,学校和企业双方共同参与人才培养过程,以培养学生的全面素质、综合能力和技能水平为重点,为学生提供专业岗位和实践平台。针对生源质量差异,宜宾职业技术学院采用分类与分层相结合的方法,对学生实施个性化培养。提质培优措施的落实,有效提升了人才培养质量。

⑥燃面转型：职业教育数字化开辟产教融合新天地

"技状元·宜宾燃面"的横空出世，代表了传统宜宾燃面产业的涅槃，被消费者亲昵地称为学院派宜宾燃面。在推进宜宾燃面产业转型发展过程中，不仅有宜宾燃面学院支撑下的新型校企一体发展的商业架构，还有教育数字化的缩影。团队在宜宾燃面市场研究分析和市场定位分析上采用了大数据支撑统计分析方法；燃面教材开发和教程设计采用了现代数媒技术；电商营销上运用了网红经济和短视频手段；产品销售管理上采用了 App 程序和小程序平台；正在运用虚拟现实技术开发燃面历史文化和技能培训系统；运用现代化信息化食品安全检测技术保障产品质量安全；正在实施绿色食品认证中的全程质量安全网上追溯。现代信息技术和数媒技术的大量应用，让一碗燃面蕴含了丰富的科技感，这也正是宜宾职业技术学院全力推进职业教育数字化转型的典型应用案例。

⑦燃面赋能：培育职业院校可持续发展能力

宜宾燃面学院挑起了"燃面担子"，因为品牌、技术、标准、人才、数据等核心要素均掌握在自己手上，"技状元·宜宾燃面"产业将成为宜宾职业技术学院主导的非遗特色产业。宜宾燃面学院坚持每一盒"技状元·宜宾燃面"和每一个"技状元·宜宾燃面"加盟店，都将成为宣传宜宾、推广宜宾的载体和窗口。助融公益计划让一碗燃面装上产教融合新故事，给职业院校带来了产教融合新理念、新思路，必将培育出众多各具特色、富有创造力的产教融合典型案例，凝练出这些典型案例中蕴含的规律性和逻辑性，又能为助融公益计划的持续优化提供有益参考，让中国特色现代职业教育成为中国式现代化的生动实践，为全面建成社会主义现代化强国、全面推进中华民族伟大复兴贡献更加有力的职教力量。

3. 泸州职业技术学院——专精特新"智能酿造"产业学院

（1）实施背景

泸州职业技术学院是泸州市人民政府举办的唯一一所公办高等职业院校，

学校前身是川南经纬学堂,成立于1901年,是川南第一所"新学"。清翰林院国史馆编修、晚清第一词人赵熙为首任校长,朱德、恽代英等曾在这里学习,此外,还有吴玉章、曾德林、黎英海等知名校友。学校秉承"瞄准社会需求,培养创业技能,造就优秀人才"的办学理念,践行"崇德、博学、尚俭、笃行"校训精神,坚持"质量立校,文化塑校,人才强校"发展战略,获评四川省"双高"院校B档本科层次职教人才培养试点校、四川职业院校"三全育人"典型学校、国家级现代学徒制试点单位等。

学校全力贯彻落实党中央推动成渝地区双城经济圈建设的重大战略部署,主动对接四川省、泸州市食品轻纺、电子信息、装备制造、现代服务等现代产业体系布局,服务区域经济发展,推进专业群对接产业链建设结合学校办学实际,形成2个(酿酒技术、工业机器人)龙头引领,5个(学前教育、酒店管理与数字化运营、大数据技术、电子信息工程技术、智能建造技术)骨干支撑,3个(新能源汽车、艺术设计、大数据与会计)特色协同的专业群,并不断优化调整。全面推进"一院一品"和"一专业一模式"建设,实行"1+1+1"(即一个专业对接一个大型国企或上市公司,依托一个本科院校,科研院所或行业协会)办学改革,推进专业群创新发展,打造专业建设引领产业发展,课程设置紧跟专业调整的格局,有效提升学校专业群服务高端产业能力。学校与中国兵器集团、中国酒业协会、中国电科、中交集团、郎酒集团、泸州老窖、华为、腾讯、国信蓝桥、洲际集团等龙头企业合作,实现毕业生高质量就业。

学校依托四川经纬教育管理集团,引入国际、国内行业领先标准和管理团队,高标准建成泸州建国饭店、泸州龙涧假日酒店、酒城文化创意美食街、经纬诺博幼儿园等21个实体化运营的校内生产性实训基地。与华为、中国兵器、泸州老窖、川南火工等行业龙头,共建国防产业学院、川南火工先进制造产业学院等20余个产教融合平台,以平台链接产业,打造兼具自我造血和育人功能的校企共同体,实现学校办学全面融入区域发展和产业转型。学校开创了"内生性产教融合"育人模式,形成了产教融合的"泸职模式"。牵头组建中国酒业产教融合共同体和全国首个跨省级行政区的产教联合体——泸永江融合发展示范区产教联合体,"政校行企研园"六方协同探索创新治理机制、育训模式、服务方式,努力推动形成学校办学与地方产业一体化高质量发展的产教融合新形态。建设中国白酒生态智能酿造产教融合示范园,在园内打造世界蒸馏酒教学生产型展馆和白酒培训、比赛中试、酒文化展示、旅游观光基地,集人才培养、技能培训鉴定、生产经营、科普教育、研学观光、体验营销于一体,打造面向中国白酒行业的开放型区域产教融合实践中心,服务区域支柱产业——白酒高质量发展。

泸州智通自动化设备有限公司(以下简称"泸州智通")于2015年创建于泸州国家高新区,由多位归国博士创立,是一家集研发、生产、销售和服务于一体的高新技术企业。公司以"智能酿造"为理念,致力于实现工业生产自动化、工厂数字化、制造智能化目标。公司以智能机器人替代人工生产为核心,融合了先进的机械制造、自动控制、在线检测、人工智能等技术,积极推动传统工艺传承与现代智能生产的融合转型升级。公司立足于智能制造高新技术研发和智能制造装备领域,瞄准国内具有一定规模的传统轻工、食品等行业,以白酒智能酿造为基础,在保持传统核心工艺不变的前提下,对轻工、食品等行业关键技术、工艺、设备进行研究。按照自动化、智能化生产的设计理念,公司以机器人仿生、柔性加工和人工智能为核心技术,融合了智能行车、机器人、AGV、光感分析、PID控制、在线检测等新技术。其中,"智能酿造"实现了数字化、自动化精准控制每个生产工艺环节,保障了发酵过程的精准性和品质最优。"智能酿造"具有高效、稳定、标准、智能的特点,极大降低了人员需求和企业运营成本,提高了生产效率和出酒品质。

(2)主要做法

①共建产业研究院,为产业高端发展提供智力支撑

学校联合泸州智通、泸州老窖股份有限公司、四川大学等企业与院校共建四川白酒酿造产业技术研究院,与中商智库共建丝路(长江)开放型经贸发展研究基地,与中国高技术服务业联盟共建川南数字经济产业学院,为四川省"5+1"重大产业之一的食品饮料产业提供智库服务。

②共建产业学院，为产业升级提供人力资源支撑

学校与泸州智通、中国酒业协会共建中国酒业学院（图5-9），与四川郎酒集团合作共建郎酒学院，与成都豪能集团合作共建豪能学院，与洲际酒店集团合作共建洲际英才学院等12所产业学院，现有25个订单班开展定制化人才培养，现代学徒制学生占比超过20%。

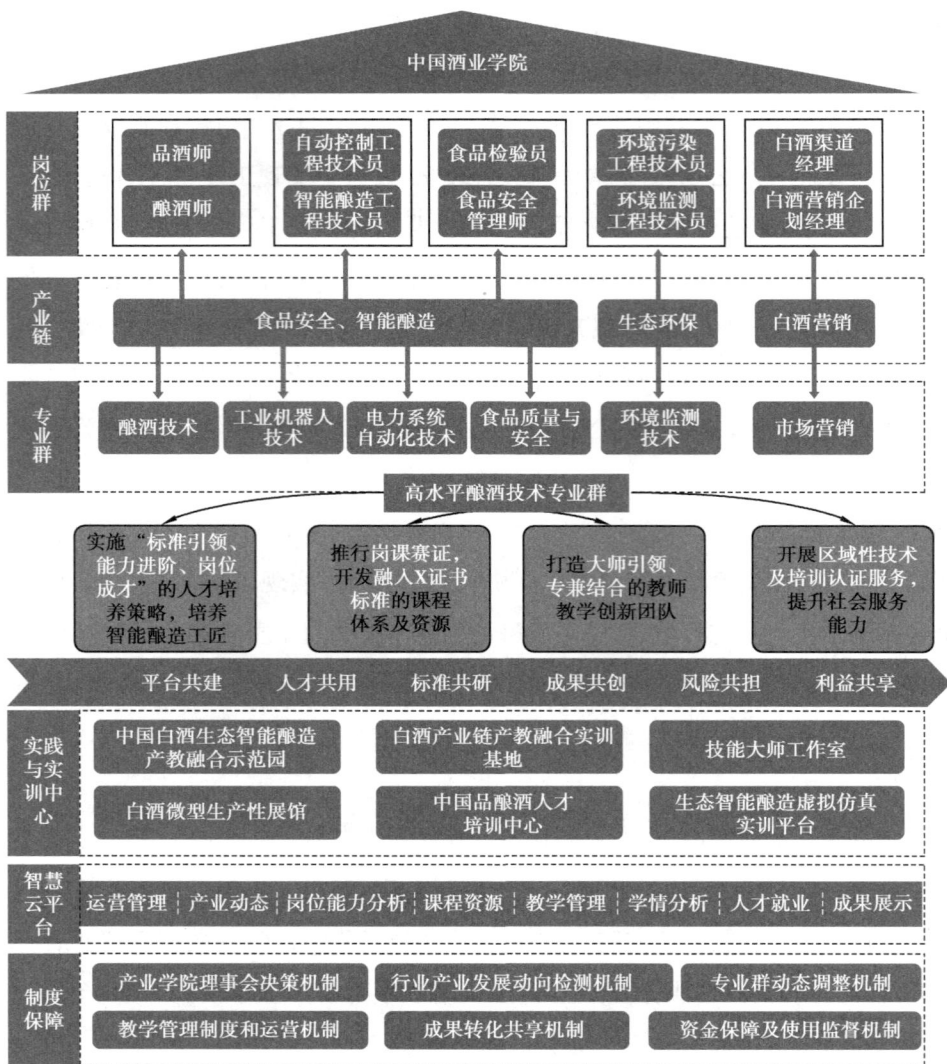

图5-9　中国酒业学院建设示意图

③共建生产性实训基地,为"双证"人才培养提供实践平台

学校与四川经纬教育管理集团有限公司共建校内产业园区,包含酒城文化创意美食街、工程造价和文化传媒等21家为对接专业群人才培养而创办的公司,与北京哥大诺博教育科技有限公司、新加坡智源教育学院共建经纬诺博幼儿园,与洲际集团共建龙涧假日酒店,与北京首旅建国酒店管理有限公司共建泸州建国饭店。泸州职业技术学院校企共建人才培养体系如图5-10所示。

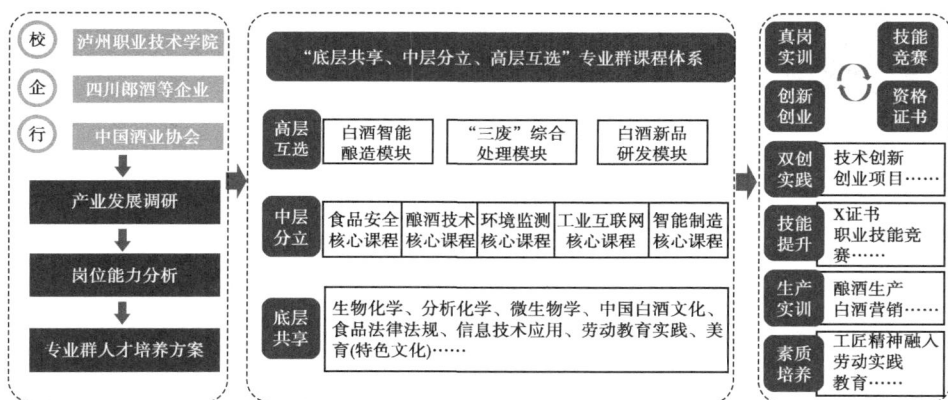

图5-10 泸州职业技术学院校企共建人才培养体系

④共建培训(岗位承包)学院,提升区域人才技术技能水平

学校与华为集团共建华为ICT学院;与中国酒业协会共建标准化白酒考评室、开发面向白酒产业链的职业技能等级鉴定标准,与中国酒业协会、中国食品发酵工业研究院有限公司、宜宾五粮液股份有限公司等共同筹建中酒教育科技股份有限公司,与国信蓝桥教育科技(北京)股份有限公司共建蓝桥学院。学校通过共建中国品酿酒人才中心,将就业需求与岗位推荐相结合,将用工需求与院校推荐相结合,提升学生服务区域企业的能力(图5-11)。

(3)成果成效

①创新机制,校企合作模式基本成型

行企校研等多方共建和市场化运营生产性实训基地,以盈利反哺教育。目前,学校已建成装配式建筑研究院、中德西南智能工业机器人产学研示范基地、

航天产业先进制造科技创新战略联盟、成渝地区双城经济圈智慧新零售职教集团等20个产教融合平台。2022年,学校与郎酒合作建设的中国白酒生态智能酿造产教融合示范园获批四川省第二批产教融合示范项目。

图 5-11　人才就业服务示意图

②协同育人,订单式人才培养效果凸显

学校全面推行"标准引领、能力进阶、岗位成才"为特色的现代学徒制培养模式,校企一体化设计人才培养方案,交替安排生产性实训、实训性生产和岗位实习,旨在培养"班组长""店长""经理"等管理人才。近3年,学校学生到合作企业岗位实习率达100%,留企就业率达54%。

③合作科研,技术成果转化成效显著

学校与泸州市人民政府共建国家技术转移西南中心泸州分中心,共同设立1 000万元科技计划联合创新专项支持校企联合技术攻关。集聚卡尔斯鲁厄理工学院、清华大学等学府的44名博士,校企共享高层次人才资源,组建15个技术创新平台和团队,深入企业收集技术需求351项,开展供需对接262场,攻克行业技术难题4项,获授权专利和软著161项,技术应用及转移转化110余项。

④校企共建,教学资源全面丰富

引入企业的生产任务、技术研发项目和创新成果,校企合作开发"自动生产线安装与调试""工业机器人编程与调试"等46门技术课程,编制《机电一体化系统安装与调试》《大数据技术预处理、离线分析和实时计算》等64部以实际案例为载体的活页式、工作手册式教材。

（4）推广应用

①创立了"六方协同"产教融合校企合作新生态

学校依托全资国有企业——四川经纬教育管理集团有限公司,引进行业领先企业的技术团队和技术标准开展市场化、专业化运作,形成校内"产业园",借助市场优势,引进行业龙头,政校行企研园共建产业学院、产业研究院、培训学院、实训基地、职教集团等产教融合平台;以平台链接产业,建成校外"产业园",产教融合实训基地、教师企业实践流动站。学校通过建设双"产业园",发挥产业园的系统集成作用,实现产教融合校企合作"六方协同",使各方在远、中、近期目标追求上形成利益共同体。

②创建了"六共聚力"产教融合办学长效聚合新机制

学校与政府共建国家技术转移西南中心泸州分中心,并在此基础上,打造技术创新服务和创业孵化服务双平台;发挥成果转化技术市场机制作用,开展技术开发、咨询、交流、转让、推广等市场化服务,利用双"产业园"进行技术成果转移转化,调动了科研院所和技术专家前来开展合作的积极性。新技术引领产教融合相关主体平台共建、人才共用、标准共研、成果共创、风险共担、利益共享"六共聚力"。

③构建了"六维对接"学产研转创协同育人新模式

学校推进专业群与产业链岗位群的对接升级、教学标准与新技术标准的对接、教学过程与产研转创过程的对接、课程内容与新技术内容的对接、学习情景与新技术环境的对接、学业评价与企业考核的对接升级,实现了职业院校校企合作办学从教学"静态"对接生产,到在学产研转创生态中教学"动态"对接生产的升级,确保了人才培养与区域经济转型和产业升级的动态匹配。

（二）新医科产业学院案例

1. 天津职业大学（天津）——对接产业链、补齐专业链，共育视光行业人才

（1）实施背景

天津职业大学始建于 1978 年，是全国最早举办高等职业教育的院校之一，为首批"国家示范性高等职业院校"和全国优质高职高专院校，2019 年入选"双高计划"高水平院校 A 档建设单位。学校秉承"育德育能，力实力新"的校训，坚持"服务为本，应用为根，质量立身，卓尔不群"的办学理念，立足天津，面向全国，努力办好国内领先、人民满意的高等职业教育。

学校深耕校企协同育人，紧密对接天津"1+3+4"产业发展，与世界 500 强企业、国家级产业园区、行业领军企业等联合建设职教集团。采取"走出去，引进来"的方式，组建产业学院。实施"六融合"，建设混合所有制二级学院及产教融合实训基地。增强职业教育的适应性，满足社会和企业的需求。其中，学校眼视光工程学院的眼视光技术专业，创办于 1985 年，开创我国高等视光眼镜教育的先河。2006 年，眼视光技术专业入选"国家示范性高等职业院校建设计划"，为中央财政重点支持建设专业。2010 年，天津职业大学牵头建设了全国高等职业教育眼视光技术专业教学资源库。2013 年，天津职业大学眼视光技术专业承担了高等职业教育眼视光技术专业国际化教学标准建设项目，为专业的国际化建设奠定了良好的基础。作为全国验光与配镜职业教育教学指导委员会秘书处，眼视光工程学院配合教育部开展了高职专业目录修订、中职专业标准的制定和"十二五"国家规划教材的编写等工作，并参与了眼镜行业"十三五"规划的制订。此外，该专业还连续承办了两届全国验光与配镜职业技能竞赛的全国总决赛。2018 年，眼视光工程学院成立了国际教育中心，旨在开展国内外眼视光教育的交流和合作。同时，作为国际隐形眼镜教育者学会（IACLE）中国办公室，学院还负责国内知名隐形眼镜企业与院校的校企合作、会员会议组织、

课程研讨等工作。为此,学院建立了"欧普特视觉训练实验室""尼德克模拟眼镜店""博士伦接触镜验配实训室""万新镜片实训室"等冠名实验室。

2018 年,习近平总书记就青少年近视防控相关工作作出重要指示指出,我国学生近视呈现高发、低龄化趋势,严重影响孩子们的身心健康,这是一个关系国家和民族未来的大问题,必须高度重视,不能任其发展。2020 年,教育部公布的青少年视力调查数据显示,在新冠疫情期间,由于观看电子屏幕时间增长、户外运动时间减少,与 2019 年相比,我国中小学生近视率增加了 11.7%,近视防控压力进一步加剧,而国内眼视光人才严重匮乏,缺口近 30 万人。丹阳镀膜技术员 4 000 余人,每年流失更新率达 10%～20%,年需求 400～800 人。丹阳车房操作工 2 000 余人,每年流失更新率达 10%～20%,年需求 200～400 人,产业转型升级压力巨大,亟须培养新工艺、新科技的技术型人才。

2020 年 10 月,天津职业大学与镜片行业龙头企业江苏万新光学有限公司加强交流合作,共同对镜片加工产业链开展全面调研,并成立万新产业学院,共同申报创建镜片生产工艺专业方向。依托学校优质的教育资源和企业丰富的实训资源,双方对接产业链需求,有效解决了产业链与专业链衔接不畅的问题,填补了国内视光行业镜片生产工艺领域人才培养空白。万新产业学院充分发挥校企合作体制机制优势,实现了资源整合共享,共同建设、共同管理、共同育人,构建了校企命运共同体,为中国视光行业的持续发展和公众的视觉健康贡献了重要力量。

（2）主要做法

为填补行业人才需求缺口,满足产业转型升级的需要,万新产业学院以天津职业大学眼视光工程学院为办学主体,以培养视光产业急需的高素质技术技能人才为目标,深入推进培训项目联动、师资互聘、科研平台共享、实训基地共建、品牌培育等校企合作项目,推进教育链、人才链与产业链、创新链深度融合,建立新型信息、人才、技术与物质资源共享机制,把学校建在企业内,把教室设在车间里,把讲台搬到岗位上,校企共同研究制定人才培养方案,以岗定课、以产示教,实习对接就业,为行业发展输送新鲜血液。

①建立产业学院理事会,明确双方责权利

万新产业学院实行理事会领导下的院长负责制。万新产业学院的管理人员有 5～7 名,包括:名誉院长 1 名,由企业管理层技术人员担任,为学院的规划发展、生产交流、科研建设等方面提供指导与支持;院长 1 名,由学校二级学院院长担任,负责学院的全面规划工作及顶层设计,并在人才培养、科研建设、发展等方面提供规划和学院支持,对学院管理层进行分工;常务副院长 1 名,由企业技术人员兼职企业导师担任,负责协调企业相关资源,推进开展学院人才培养、产教融合、科研共建、技术培训、学术交流、实习就业等管理工作,落实学院各类合作事项的协同推进及行政类事务;副院长 1～2 名,由学校二级学院副院长担任,协助院长协调各方资源,推进学院各项工作的开展;教研室主任 1～2 名,由学校专业教师担任,协助副院长落实学院的教学管理等工作。

②创新教育教学管理模式

一是实施校企"双结合"的人才培养模式。针对眼镜生产领域的镜片光学设计和镀膜工艺等关键岗位的用人需求,万新产业学院定岗招生,实施"1.5 在校学习+1.5 企业学习"办学模式,企业教师在遵循学校要求的前提下,进行灵活多样的教学;学校教师深入企业实践学习,指导企业教师提升教学质量,校企共同打造兼具教学、实训、培训、科研等功能的教学场所和实训场地,注重技术技能培养。学生毕业后即可上岗,实现了教学与生产的无缝对接,促进了视光行业的发展,开创了校企合作办学先河。

二是构建"双师型"的专兼职教师团队。万新产业学院师资团队主要由学校专业教师和企业兼职教师组成,构建学生在岗培养"双导师"模式,着力打造"双师型"教师队伍。万新产业学院聘请企业技能大师,参与人才培养方案的开发和完善工作,共同开发科研项目;学校专业教师进入企业实践,了解企业新技术、新标准、新规范,弥补实践经验的不足。师资团队根据职业技能等级标准和模块化课程教学需求,进行小组分工,在协同中沟通交流、取长补短,以提升团队教师的课程思政能力、专业核心能力、教育教学能力和技术服务能力,同时依托多种平台,规划教师 5 级成长体系,为培养眼视光技术专业高端服务人才提供强有力的师资支撑,进而服务全民视觉健康事业。万新产业学院结构化师资团队建设规划如图 5-12 所示。

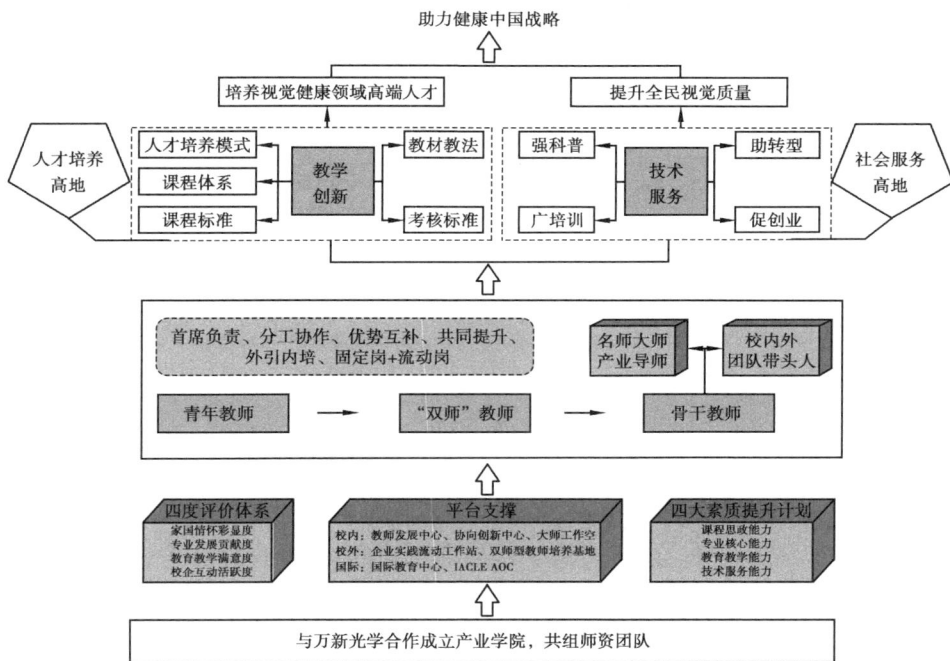

图 5-12　万新产业学院结构化师资团队建设规划

三是打造"相衔接"的递进式课程体系(图 5-13)。万新产业学院按照课程内容与工作岗位的关联与衔接性,以及能力目标培养的差异性,组建通识课、平台课、专业基础课、专业核心能力课和卓越课 5 个模块,同时,依据具体的工作岗位能力要求,将岗位能力对应的专业课程划分为不同的模块。校企双方共同制定加硬、镀膜、车房磨工等职业技能标准。按照层级递进的模式,学生在不同的阶段通过相应的学习可以实现逐层培养、逐级考证,并在镜片车房加工、镜片镀膜两个方向有所精进,从而胜任不同的工作岗位。在培养周期内,学生可以获得到心仪的岗位实践的机会,明确获得目标岗位所需的技能。学院还积极开发学生驻企学习阶段的适用教材,保障学生驻企期间的学习效果。企业作为眼镜验光员、眼镜定配工、光学磨工 3 个工种的职业技能等级认定第三方评价机构,为学生取证创造了更多的便利条件。

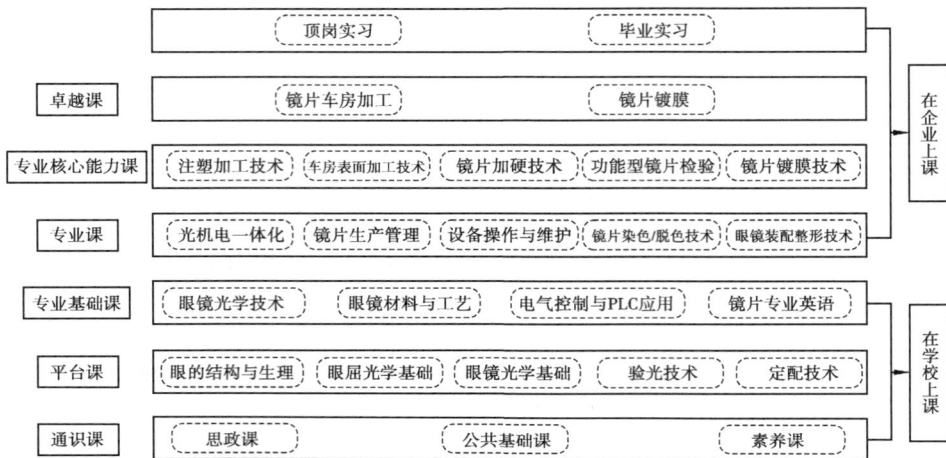

图 5-13　万新产业学院课程体系

四是形成"双主体"学生教育管理体系。学生在校学习和实习期间应遵守天津市职业大学学生行为规范,树立良好的思想品德,掌握较高专业技能并具备扎实的基础知识。学生驻企实习期间应遵守学校和企业双方的规定,服从专业教师、企业导师和辅导员的教学安排与管理。学生除享有本校学生评奖评优政策外,还可享受企业特有的奖学、助学政策。

万新产业学院将学生实践平台与产业一线充分结合,在校内建立实训场所,让学生在学校就能了解企业的管理模式和生产模式,同时结合产业特点,将实践锻炼平台延伸到校外,由企业出资在生产基地建设学生宿舍,为学生提供良好的校外实习环境,打造学生实践能力锻炼的新平台。

③深度融合助推技术研发与技术服务

校企双方依托万新产业学院,深化交流合作,共同打造技术协同创新平台。学校教师深入万新光学集团有限公司等行业龙头企业,以企业需求为导向,开展科研项目,帮助企业开展数据分析并破解技术难题,同时将研究成果转化为教学资源,形成供需互促、研教并进的良性循环。

(3)成果成效

①锚定龙头企业,确保合作高质量

对接产业需求,名校强企共建新专业。面对镜片生产型技术人才缺口、产业链与专业链不能有效衔接的困境,双方联合申报镜片生产工艺专业方向,旨在填补眼镜片制造业领域的空白。天津职业大学和万新光学集团有限公司共建万新产业学院,结合学校自身的基础条件和专业发展特色,突出产教融合,瞄准行业紧缺人才需求,开设镜片生产工艺专业方向,对口培养生产型技术技能人才,填补了专业空白。

②整合双方优势,打造校企命运共同体

首先,万新产业学院将企业文化带进校园,学生将校训院训带入企业实现文化交流;其次,校企双向互聘,组建"双师"型师资队伍;最后,模拟真实的生产环境,校企联合建设生产性实习实训基地,实现共建共享。万新产业学院从产业链关键岗位用人需求出发,定岗招生,创新实施专业学习与产业实践相结合的"1.5+1.5"人才培养模式,学生前 1.5 年在校学习通识课程及专业基础课程,后 1.5 年在企业学习专业课程,并完成顶岗实习和毕业实习。该模式在业内校企合作办学中开了先河。

③优化研、创、教融合路径,提升以研促教、以创促教水平

以建设产业学院为契机,天津职业大学进一步加强校企合作,搭建眼视光技术协同创新中心、眼视光技术教育发展研究中心和眼视光技术专业群双创孵化训练基地等多种平台载体,旨在对接大学生创新创业,实现产学研互融互促,推动视光职业教育高质量发展。同时,学校致力于摆脱专业设置和人才培养方案与企业岗位需求脱节的困境,将人才培养与企业生产相融合,以强化人才培养的针对性。企业已完成校外实训基地的建设,以及学生生活环境的建设,确保学生在入校学习一年半后,即可进入驻企学习阶段,赴企业继续学习专业课和完成实习课程。

2. 四川护理职业学院（四川）——校企聚力共建全国首个听力康复产业学院

（1）实施背景

四川护理职业学院是四川省卫生健康委员会主管的全日制公办卫生健康类普通高等专科学校。学院发轫于中国医学科学院分院，前身为1988年建立的四川省卫生学校，2014年升格为四川护理职业学院。学院坚持社会主义办学方向，深入落实立德树人根本任务，积极践行"五爱五尽"家校情怀，以"五大强校"战略为主线，坚持走改革创新之路，在办学治校、人才培养、专业建设、产教融合、科学研究、社会服务等方面均取得显著成绩，办学实力不断提升，顺利实现转型升级和高质量跨越式发展。同时，学院还是中华护理学会护理教育专业委员会副主任委员单位，中国健康管理协会护理分会副会长单位，中国—东盟护理高质量发展联盟成员单位，教育部首批老年照护、母婴护理等14项"1+X"证书制度试点院校、全国首批急救教育试点学校、国家级职业教育示范性虚拟仿真实训基地、四川省生命健康科普基地、四川省护理"双师型"名师工作室、四川省首批职业教育护理和康复教师教学创新团队等。

学院开设护理、药学、助产、康复治疗技术、医学影像技术、医学检验技术、中药学、医学美容技术、中医养生保健、预防医学、智能医疗装备技术、婴幼儿托育服务与管理、智慧健康养老服务与管理、卫生信息管理、眼视光技术等16个专业，其中预防医学为国控专业。2021年，学院获批四川省"双高计划"培育单位，护理专业群获批四川省高水平专业群。

博音听力技术（上海）有限公司（以下简称"博音听力"）是一家专注于健康产业投资，集设计研发、生产、销售于一体的国家高新技术企业。该企业以"AI智能助听器+听力专家中心"为发展核心，致力于为用户提供高质量的听力解决方案。目前，企业在科技创新方面已获得专利35项、软件著作权26项、注册商标130件。在融资方面，博音听力于2022年成功完成数千万Pre-A轮融资，并于2023年获得君联资本、明熙资本近亿元的A轮融资。此外，博音听力还获得了"上海市守合同重信用企业"称号，并获得合同信用A级认定证书。

2024 年 3 月 22 日,四川护理职业学院与博音听力共建产业学院,并签署战略合作协议,聚焦听力康复领域的教育和技术创新,共同推动我国听力康复行业及产业发展。双方重点围绕人才培养、产业发展、职业技能培训、科学研究与团队建设、社会服务等方面深化合作,是贯彻落实《中华人民共和国职业教育法》《国家职业教育改革实施方案》,深化现代职业教育体系建设改革,推进产教深度融合,加速推动新质生产力在卫生健康领域应用,加快校企合作高质量发展的重大举措。博音集团为产业学院合作项目投入资金及设备、教学培训、实践基地等。博音听力康复产业学院将在校企双方的共同努力下,建设成一所具有学历教育、培养听力行业高端专业人才、听力师职业岗位培训的品牌学院。该产业学院的建立对于听力行业、对于卫健系统都是一个全新的尝试,开全国之先河,将填补听力产业及行业职业培训体系教育的空白。

（2）主要做法

①校企合作共建,建立双院长负责制

博音听力康复产业学院将采用理事会决策领导下的双院长负责制,理事会会长由双方轮值担任,博音听力康复产业学院院长由学院和博音听力分别选派 1 名代表担任。双方将共同制定人才培养方案,依托四川护理职业学院现有师资力量优势,聘请行业专家,组建高水平"双师型"师资团队,共同开展教学。首届听力康复方向班定于 2025 年春季学期开班,目前已通过《四川护理职业学院博音听力康复产业学院章程（试行）》及博音听力康复产业学院理事会、监事会成员名单。

②精准设置专业,打造听力康复产业样板

博音听力康复产业学院由学院与博音公司合作共建。双方将紧密对接产业转型发展和区域经济社会发展需求,精准设置专业,开设听力康复方向班、订单班等,联合开展助听器验配师培训、养老护理员培训等各类职业技能培训,培养更多高素质的专业技术技能人才,形成特色人才培养培训基地和产教融合创新高地,共同打造听力康复产业样板。未来,企业将投入不低于 3 000 万元用于产业学院建设、听力康复领域的人才培养、科学研究、技术创新和社会服务。校企双方以强化学生职业胜任力和持续发展能力为目标,深化产教融合、校企合作,创新人才培养模式、课程体系、教学方法,探索构建符合听力康复人才培养定位的课程新体系和新标准,促进课程内容与技术发展衔接、教学过程与生产过程对接、人才培养与产业需求融合。

③创新人才培养,对接行业发展需求

我国仅有约 1.2 万名听力保健专家。听力健康行业发展较晚,导致从业人员难以满足听力康复需求。在老年人口比例增加的背景下,社会对听力康复服务专业人才的需求将日益增长。博音听力康复产业学院将聚焦听力康复人才培养,对接听力康复领域技术技能人才需求,开展听力康复方向人才培养,对提升人民生活质量、服务行业产业发展、促进区域经济发展具有重大意义。博音听力康复产业学院是全国首个听力康复产业学院,也是四川省目前唯一的助听器验配师职业技能等级认定机构。

3. 四川卫生康复职业学院（四川）——政行企校院联动 打造"数字康复"现代产业学院

（1）实施背景

四川卫生康复职业学院原名仁济护士学校,始建于 1918 年,1952 年更名为自贡卫生学校,2012 年升格为高职院校,主要实施专科层次医药卫生高等职业教育,现有自贡市第一人民医院、自贡市第四人民医院作为附属医院,形成了"一校两附院"的运行体制。学校先后获得"全国民族团结进步示范单位""四川省先进基层党组织""四川省青年优秀服务组织""四川省平安校园先进单位""四川省依法治校示范校"等荣誉,被确定为"全国首批健康学校建设单位""教育部首批 1+X 证书制度试点院校""四川省高水平高职学校培育单位""四川省专业技术人员继续教育基地""四川省职业院校教师培养培训基地""四川省青少年法治教育基地""四川省第二批现代产业学院培育项目"等。

学校开设有临床医学、针灸推拿、护理、康复治疗技术等25个专业和2个专业方向。学校牵头成立四川省康复行业产教融合共同体、卫生康复职教集团，发起成立川渝康复职业教育创新联盟，共建共管运动与健康创新研究中心、足部辅具实践研究基地。现有四川大学华西医院、陆军军医大学第一附属医院、首都医科大学附属北京康复医院等优质实习基地100余个。学校与四川省八一康复中心（四川省康复医院）、四川杏林医药连锁有限责任公司、德林义肢康复器材（成都）有限公司等40家企业紧密合作。

四川是人口大省，已经进入了中度老龄化社会，老龄人口基数大、程度深、增长快、负担重，正经历着"前所未有"的加速老龄化进程。据第七次全国人口普查数据，四川老龄化形势主要呈现四大特点：一是老年人口基数大，全省常住老年人口60岁以上达到1 816万，占比21.7%；二是高龄老年人占比高，65岁以上老年人口达到1 416万，占比16.9%，80岁以上老年人超过200万；三是农村"未富先老"，农村人口老龄化程度达27.3%；四是地区差异较大，除成都、攀枝花、甘孜、阿坝、凉山外，其余16个市均进入中度老龄化社会。全省中老龄化程度最高的资阳市达到28.19%，最低的甘孜州仅11.36%。全省现有残疾人622.3万，居全国首位，加上每年因交通、慢性疾病、亚健康等所致的功能障碍者，至少需要康复相关服务人才10余万人，而2022年全省康复治疗师（士）仅0.51万人，且传统康复服务信息化程度低，康复器具适配性差。学校作为中国残联、教育部确定的"残疾人康复人才培养改革试点单位"，聚焦四川省康复服务行业，于2018年与四川九阵科技股份有限公司、四川旅投德仁堂大健康产业有限公司、德林义肢康复器材（成都）有限公司、自贡市残联、附属医院合作，构建了"政府引领、行业牵头、校企五融、校院一体"的"政行企校院"命运共同体，共建"数字康复"现代产业学院。

（2）主要做法

①形成"政府引领、行业牵头、校企五融、医教一体"校企合作模式

在自贡市卫生健康委、市教体局等部门指导下，理事会下设由政校企组成的产教融合管理委员会，由四川省残联牵头，依托学校与自贡市第一、第四人民

医院建立"一校两附院"的运行机制,在"早临床、多临床、反复临床"理念下,形成"校院统一"发展模式、"系科合一"管理模式,以管理融合为保障、以队伍融合为支撑、以资源融合为基础、以文化融合为纽带、以过程融合为渠道,实现"五融合",形成命运共同体。在长期校企合作探索实践中,"数字康复"现代产业学院形成了"政府统筹、行业牵头、校企五融、医教一体"合作模式(图5-14)。政府统筹:在自贡市卫生健康委、市教体局等部门统筹下,政行企校院组建理事会,负责审议人才培养方案、课程体系和教学资源建设、实习实训基地建设、创新平台建设等重大项目,督促合作计划落实。行业牵头:在自贡市残联牵头下,学院整合全市及周边地区功能障碍者信息,依托大数据平台,为患者组建个性化康复团队、制订个性化康复治疗方案、适配个性化康复辅具,聚合四川省八一康复中心、儿童康复中心等实训资源,提升人才培养质量。校企五融:以办学双主体(学校、企业)、人才双身份(学生、学徒)、队伍双导师(老师、师傅)、实训双基地(校内、校外)、质量双考核(学校、企业)、招生就业双负责(学校、企业)为着力点,以管理融合为保障、以队伍融合为支撑、以资源融合为基础、以文化融合为纽带、以过程融合为渠道,实现校企"五融合",形成政校企院命运共同体,确保医工结合。医教一体:依托学校"一校两附院"的运行机制,在"早临床、多临床、反复临床"理念下,落实"医教融合"。

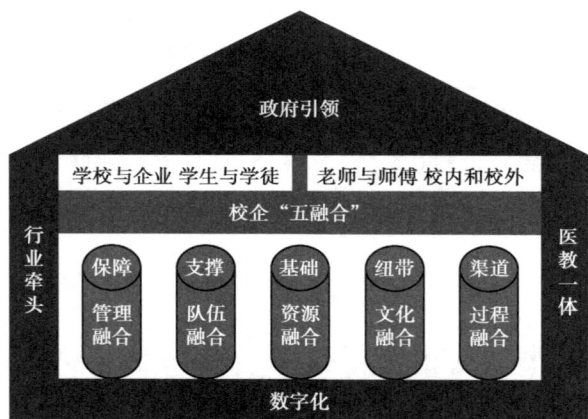

图5-14 "政府引领、行业牵头、校企五融、医教一体"校企合作模式

②明确"五方协同,三级融合联动"组织运行

构建政行企校院五方利益共同体,实行理事会领导下的院长负责制,创新高层协调决策、中层共商共管、基层协作执行三级融合联动运行机制,依据《产业学院章程》建立健全相关制度 15 项,强化产业学院运行保障,共同成立了 5 个管理运行机构,挂靠对应职能部门,实现中层共商共管,搭建 N 个实体化平台协作执行,推进产业学院实体化运行(图 5-15)。

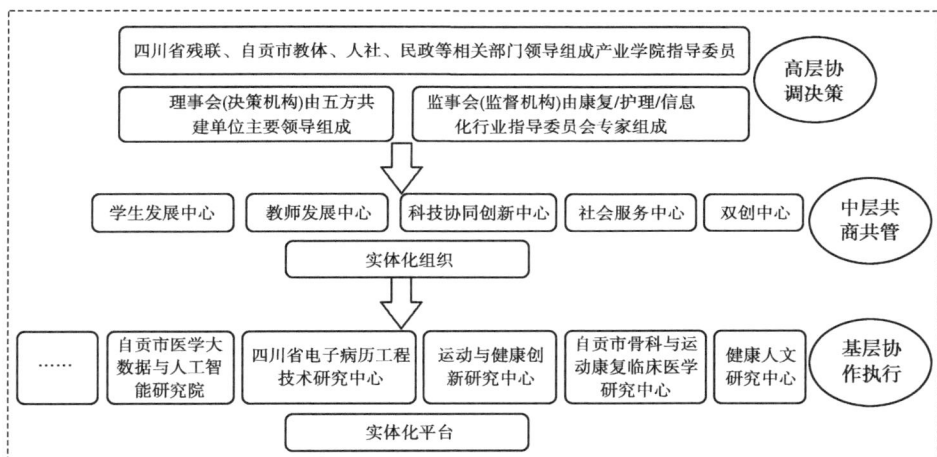

图 5-15 "五方协同,三级融合联动"组织运行模式

③实施"一主线二强化三融合四位一体"人才培养模式

产业学院将学习过程、工作过程融为一体,实施"一主线二强化三融合四位一体"人才培养模式(图 5-16)。"一主线":以培养学生综合能力为主线;"二强化":强化学生终身发展和多元成才的能力;"三融合":理论与实践、学习与工作、院校与企业融合;"四位一体":通用能力、职业能力、数字能力、创新能力一体化培养。采用"政府统筹、行业牵头、校企五融、校院一体"的产教融合机制,实现医教一体,通过开展早临床、多临床、反复临床的工学交替教学模式,积极开拓学生的临床思维,提升学生综合能力,培养数字康复人才。

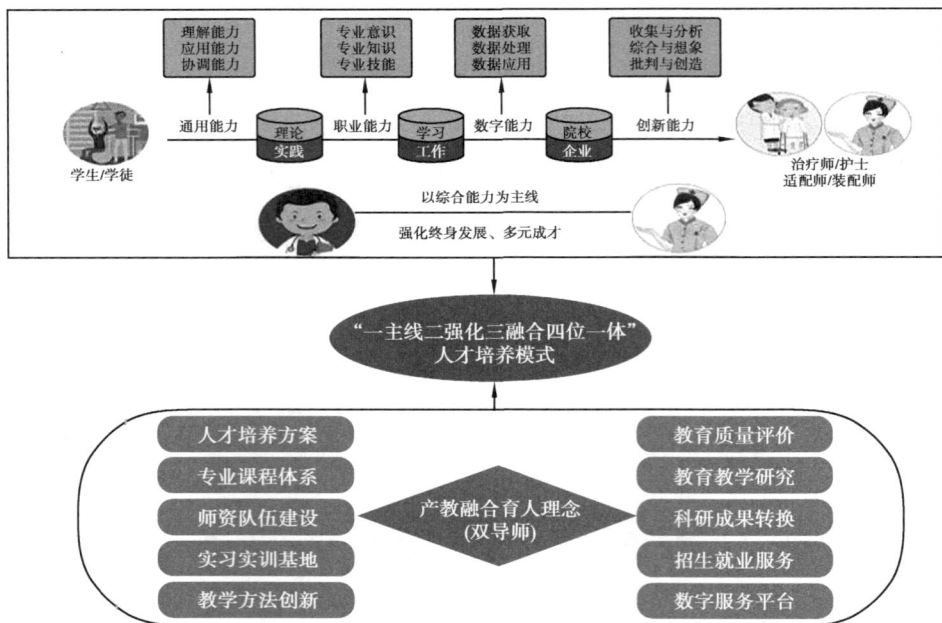

图 5-16 "一主线二强化三融合四位一体"人才培养模式

产业学院与企业合作成立专业建设指导委员会、教学指导委员会等组织机构,引入行业标准和企业资源,共同制订人才培养方案、共同开发课程资源、共同实施培养过程、共同评价培养质量。产业学院应用"卓越计划"的改革成果,实现专业链与产业链、课程内容与职业标准、教学过程与生产过程对接,构建响应及时、敏捷高效的技术导入机制。学业导师和职业导师"双导师"联合培养,完成学分学习、实践实习和毕业考核,建立"医教一体""工学交替""现代学徒制""全程教学班""订单班"等新型培养模式,解决了长期以来理论教学与应用能力培养不相适应的问题。

④建设"院士领航、菁英成长、双师双融"的教师队伍

面向行业、企业引进技术骨干和管理人员兼任产业学院教师,担任企业导师,传递产业领域的新动态,建立专业实践能力、数字化教育教学能力、科研及社会服务能力三能结合的师资队伍,实施"一企一团队"的教学能力与专业能力双向提升计划,要求青年教师在 5 年内过课堂关—实训关—教改关,建立校企

高学历人才共享共用制度。产业学院与附属医院共建市级"双师型"教师培养基地,依托学校教师培训发展中心,打造"双师型"人才一体化培养样板(图5-17)。

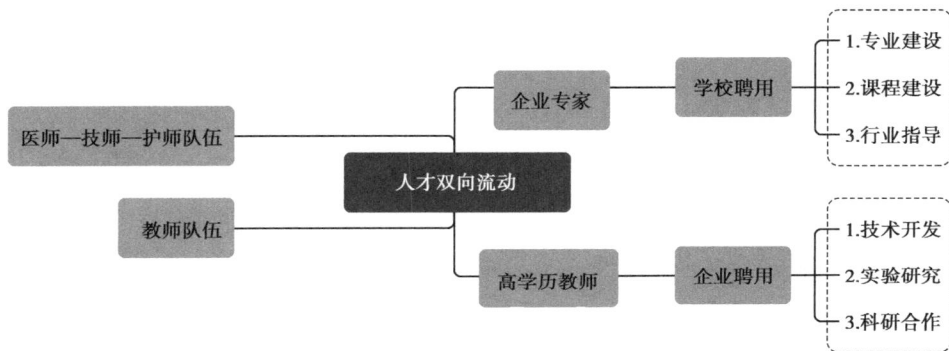

图 5-17 "双师型"人才一体化培养样板

(3)成果成效

①育人成效

产业学院每年向合作企业及其他康养院、康复机构、民政机构、辅具适配中心等就业单位输出数字康复人才 1 000 余人,数字赋能人才培养数量、质量双提升;两站两室创建 3 支专业教师教学创新团队,实现了师资队伍教学科研双提升;康复治疗技术专业群建成为四川省"双高计划"专业群,实现了专业发展高度、广度双提升。

②社会成效

产业学院已建成 2 个科技创新平台,成果转化 5 项以上,实现了科技创新数量、质量双提升;每年社会职业技能等级证书培训人数 1 000 人以上,实现了培训服务广度、精度双提升;职业技能等级鉴定 500 人以上,实现了产业学院社会影响和示范引领双提升。

（三）新农科产业学院案例

1. 惠州工程职业学院（广东）——乡村振兴产业学院的探索与实践

（1）实施背景

惠州工程职业学院地处粤港澳大湾区和珠江三角洲的重要枢纽城市惠州，其办学历史可溯源至创办于1948年的平潭农校，是东江流域最早的职业院校。学校前身是由"全国百强农校"惠州农业学校和"国家重点中职学校""粤东工科职教第一品牌"惠州工业科技学校整合而成的，累计向社会输送了10万余名高素质技术技能人才。学校硬件条件、师资队伍、专业设置、人才培养、职业培训、社会服务等能够为乡村振兴产业学院运行提供各项保障。

乡村振兴，关键在人，基础靠教育。当前，乡村振兴成为"三农"工作主旋律，基层乡村治理、产业发展、社会事业等各领域的人才需求越来越迫切和旺盛。为全面贯彻落实《国家职业教育改革实施方案》等文件精神，深入实施乡村振兴战略，发挥高素质农民在巩固脱贫攻坚和乡村振兴中的示范带动作用，推动形成乡村人才振兴合力，乡村振兴产业学院调动涉农专业进一步发挥优势，创新人才培养形式，加快培养适应农业农村现代化的乡村人才队伍，为乡村振兴战略提供坚实的人才支撑。

乡村振兴产业学院依托惠州工程职业学院以园艺技术、畜牧兽医为龙头的现代农业产业集群（园艺技术、园林技术、畜牧兽医等）、协同商务数据分析专业群（电子商务、商务数据分析与应用、大数据与财务管理）、应用电子技术专业群（计算机应用技术、大数据技术、物联网应用技术）、机械制造与自动化专业群（机械制造与自动化、工业设计）等相关专业群，共同为种养技术、销售技术、信息化技术等相关产业服务。

乡村振兴产业学院是惠州工程职业学院落实惠州市科技局、农业农村局关于驻镇帮镇扶村具体行动，精准对接乡村振兴产业需求，实行"政行企校"多方参与、资源共享而创立的新型办学机构。乡村振兴产业学院旨在促进人才培养与产业需求全方位深度融合,有力支撑产业发展,并全面提升园艺产业、畜牧产业、乡村规划产业等领域的人才培养质量、技术创新水平、就业创业能力、社会服务效能和文化传承能力。

乡村振兴产业学院现有合作学会和企业包括惠州市农学会、广东绿湖园艺股份有限公司、博罗县石坝镇三黄胡须鸡农民专业合作社、深圳市联合宠物医疗管理有限公司、广东大广农牧集团有限公司、深圳德盛园艺花卉有限公司、东莞百达连新电子商务有限公司、广东凹凸科技有限公司等。乡村振兴产业学院与这些学会和企业深度合作,形成了具有信息产业特色的"行业学会+骨干企业"的校企合作模式。乡村振兴产业学院依托惠州工程职业学院生态工程系以园艺技术、园林技术、畜牧兽医技术为龙头的农业专业集群,协同智能工程系的物联网应用技术、大数据技术,以及财经系的电子商务、商务数据分析与应用、大数据与财务管理等相关专业,共同为惠州乡村振兴园艺、园林、畜禽养殖、中草药、宠物、乡村振兴规划等产业转型升级服务,推动乡村振兴产业发展。

（2）主要做法

①发展主导产业,落实实践育人

乡村振兴产业学院围绕惠州本地及粤港澳大湾区主导农业开展人才培养,落实实践育人的理念,力争培养一大批生产经营能力优、科学文化素质高、社会责任感强的现代农民;坚持农业农村优先发展,坚持规模化、标准化、品牌化、链条化,发挥博罗山茶、石坝三黄鸡、金钱龟、东进农牧养猪业、镇隆荔枝、龙门大米、蝴蝶兰花、食用菌种植等产业资源优势,积极打造粤港澳大湾区绿色农产品生产加工供应基地,延伸产业链,推动农村一二三产业融合发展,全面提升农业产业化水平。

②发展特色专业,助力乡村振兴

乡村振兴产业学院按照产业兴旺、生态宜居、乡风文明、治理有效、生活富裕的总要求,围绕惠州市及粤港澳大湾区农业的资源优势和特色农业产业,依据学院专业目录及有关规定,设置乡村振兴专业群,主要专业涵盖园林技术、园艺技术、畜牧兽医、动物医学、农业机电、农村电商等,充分体现了现代农业的发展趋势,同时,通过专业群建设,培养了一批专业人才,为形成一批特色专业镇(村)、有效促进农民增收和农村经济的健康发展奠定了基础。

③明确教学标准,创新人才培养

乡村振兴产业学院严格按教育部"标准不降、形式多样"的主导思想,遵循职业教育与继续教育特点,并结合农村生产生活实际,实施专业学习教育与生产实践实训、技术研发创新一体化培养,为农业从业人员提供继续教育和能力提升的高质量公共平台,同时,不断探索并创新高层次职业农民的教育培养模式,结合生产和市场实际情况,采用学分替换、集中与分散、农忙与农闲、线上线下混合式教学等多种模式,制订更有针对性、更加灵活的人才培养方案。

④打造人才队伍,推动乡村振兴

人才振兴是乡村振兴的基础,实施乡村振兴,必须从根本上树立"人才是第一资源"的理念,把乡村人才振兴放在乡村振兴的重要位置,充分激发乡村现有人才活力,培育大批新型农民,打造一支强大的乡村振兴人才队伍,为加快推进农业农村现代化提供坚实的人才支撑。

一是打造农业带头人队伍。乡村振兴产业学院为全省培养了3 000多名具有高学历的乡村振兴带头人,旨在转变传统的农业思维模式,用新思想、新观念、新技术武装农民,实现农产品由"种得好"向"卖得好"转变,使农民成为服务现代农业产业发展的新型农业带头人。

二是打造农业科技人才队伍。乡村振兴产业学院加强与行业企业等的协同培养工作,围绕现代农业发展、特色产业和新型农机装备等,打造一批省内领先的农业科研领军人才和创新团队。

三是打造农业专业人才队伍。乡村振兴产业学院坚持实施分类培养,构建"重素厚基、分岗强能"的特色人才培养模式。乡村振兴产业学院根据生产链上的岗位需求开设课程,围绕农技推广、畜牧兽医、动物医学、农村建设规划、环境整治等领域,建设一批扎根农村、服务基层的农村专业化技能人才队伍。

四是打造高素质的农民队伍。乡村振兴产业学院积极创新培育机制,规范管理服务,围绕种植养殖、农产品加工、农村物流、电子商务、无人机等领域,培养一批爱农业、懂技术、善经营的现代农业经营者队伍。这一举措能基本实现50岁以下从业人员全员技能培训,并培养一批具有示范带动作用的"领军人",为乡村振兴战略不断注入源头活水,在乡村形成人才、土地、资金、产业汇聚的良性循环。

五是打造专兼结合的"双师型"队伍。乡村振兴产业学院着力培养一批专兼结合的"双师型"乡村振兴师资队伍,不断夯实农业职教服务"三农"根基,鼓励教师主动对接乡村振兴战略,突出教师实践能力的培养,体现教学过程的实践性、开放性和职业性。

⑤落实立德树人,建立人才基地

乡村振兴产业学院深入贯彻落实立德树人根本任务,根据乡村振兴需求确定人才培养目标与培养规格,以校村合作等模式建立乡村振兴人才培养基地,充分利用乡村阵地开展现场教学与实践活动,在教育培训中聚焦乡村热点、提炼"三农"特色,更好地培养乡村振兴人才。

(3)成果成效

①形成科学合理的组织构架

惠州工程职业学院依托乡村振兴产业学院,创新管理体制机制,形成了科学合理的政校企行合作单位共建共管的组织架构,并积极探索管理模式,制定管理制度,以确保其能有效发挥作用。

②加强高水平专业建设

惠州工程职业学院对接区域现代产业,培育建设畜牧兽医、动物医学、园林技术、园艺技术等优势特色专业。校企共同开展专业建设,形成不少于5门课的教学资源库;共同实施教学改革,完成教育教学改革项目不少于3项;全面推行"校企精准对接、精准育人"模式,深入开展"1+X"证书制度考核试点,成果申报不少于 1 个"1+X"证书考核试点项目;与合作单位共同组织开发花卉栽培、宠物医疗等 5 门以上课程和 5 种以上教材;开展多元化人才培养,落实现代学徒制、定向人才培养等人才培养模式,实现在校生规模占比 30% 以上、行业企业一线兼职教师承担的专业课教学任务授课课时占学校专业课总课时的比例也在 20% 以上。

③提升高素质人才培训

惠州工程职业学院制订了合理的高素质人才培育计划,联合惠州市农业农村局、行业学会、企业等,每年定期开展高素质农民培训,培训人数不少于 3 000人,确保培训人员的就业率超过 98%、专业对口率超过 90%。

④打造高素质"双师型"教师队伍

在"双师型"教师队伍建设期内,20% 以上的专任教师到合作单位实践锻炼,来自合作单位的兼职教师占比不低于专任教师总数的 20%。惠州工程职业学院依托合作单位,建设教师企业实践基地,建立产业学院教师工作室(坊),全面落实教师到企业实践和轮训的制度。

⑤创新实训基地建设

校企共建实习实训和创新创业教育基地 1 个,探索引校进企、引企驻校、校企一体等模式,与合作单位共同开发创新创业课程和教学内容,共同推进创新创业训练项目的实施。

⑥搭建产学研服务平台

惠州工程职业学院联合合作单位共建省级工程中心 1 个,有效支撑了区域现代农业产业的发展,服务了地方中小微企业技术升级和产品研发。在建设期内,非学历培训到款额不少于 20 万元,横向应用技术研发项目入账经费不少于40 万元。

2. 雅安职业技术学院(四川)——蒙顶山茶产业学院 以特色链接三次产业

(1)实施背景

雅安职业技术学院是 2002 年 4 月经四川省人民政府批准、教育部备案成立的公办全日制普通高等学校,以原雅安卫生学校(国家级重点中专)为主体,与雅安教育学院、雅安财贸学校、雅安地区农业机械化学校、雅安地区工业局技工学校合并组建。学校是经教育部批准具有临床医学类和教育类专业招生资格的高职院校。学校的医学影像专业是香港华夏基金会重点支持的短缺优势专业,护理专业被列为国家紧缺技能型人才培养项目。学校是除四川师范大学外四川省第二个开设特殊教育专业的学校。学校地处历史文化名城、全国优秀旅游城市雅安市市区,是四川西部三州二市唯一一所以医药卫生类专业为主的大学。学校于2013年获得单招资格,是四川省医卫类专业最全的高等院校,是教育部卓越医生教育培养计划建设高校、四川省省级示范性高等职业院校。

雅安是千年川藏茶马古道的重要起点和全国现存规模最大的藏茶生产基地,在中国乃至世界茶业发展史上有着重要地位。蒙顶山作为中国人工植茶史的重要见证,相传于西汉年间吴理真就在此植茶,从唐代起便成为皇家贡茶基地。因其完整的茶文化传承体系被中国茶叶界公认为茶文化发源地和茶文化圣山。雅安茶产业融合了生态、文化、科技、旅游、康养等多元业态,发展综合实力居全国第四、四川第一。2020年,雅安职业技术学院在地方政府指导、行业协会引领、科研院所领航、龙头企业参与下,共同组建了蒙顶山茶产业学院。蒙顶山茶产业学院面向一二三产业的行业发展需求,致力于实践茶文化、茶产业、茶科技"三茶统筹",打造西部领先的川茶专业,培养"专、精、缺"专业人才,以推动文化赋魂、产业赋能、科技赋力。

蒙顶山茶产业学院位于蒙顶山脚下,以中华优秀传统文化"茶"为媒介,深入贯彻落实习近平总书记关于"统筹做好茶文化、茶产业、茶科技这篇大文章"的重要指示精神,积极响应国家共建"一带一路"倡议,面向四川省16个重点产业中的"精制川茶"的发展需求,依托科研院所和企业平台,孵化新产品、新技术,全方位服务雅安地区支柱产业高质量发展。蒙顶山茶产业学院紧密对接川藏经济协作区(全国最大藏茶生产基地)的发展需求,立足高校五大职能,通过建立政行校企研共建联动机制,实现各个主体间信息、人才、技术与资源共享,推动产业链、教育链、创新链深度融合,为雅安市打造千亿川茶产业、推动茶产业链全面升级提供强有力的人才支持和智力支撑。蒙顶山茶产业学院坚持以茶文化弘扬与传承为核心,结合雅安地方特色产业,紧扣雅安"一区一地"建设,着力培养具有良好的文化素质、职业道德和工匠精神,且掌握扎实的茶文化知识和过硬的专业技能的应用型人才,能够从事全面服务于茶叶栽培、加工、茶文化推广以及茶旅融合、茶食品加工、茶叶健康与衍生品开发、茶叶物流电商等的应用型人才,涵盖一产、二产、三产的茶产业全链。

(2)主要做法

①建立"1+1+N"组织运行模式

蒙顶山茶产业学院是一个融人才培养、科学研究、技术创新、企业服务、学生创业等多功能于一体的现代产业学院。蒙顶山茶产业学院在组织架构上采用"1+1+N"的多主体共建共管模式,即雅安职业技术学院+雅茶集团+N(地方政府、行业协会、科研院所、生态企业、中高职联盟),打通政校行企研产教融合全流程工作组织实施环节,由雅安市名山区人民政府、雨城区人民政府、雅安职业技术学院担任理事长单位,以此提高办学管理效率(图5-18)。

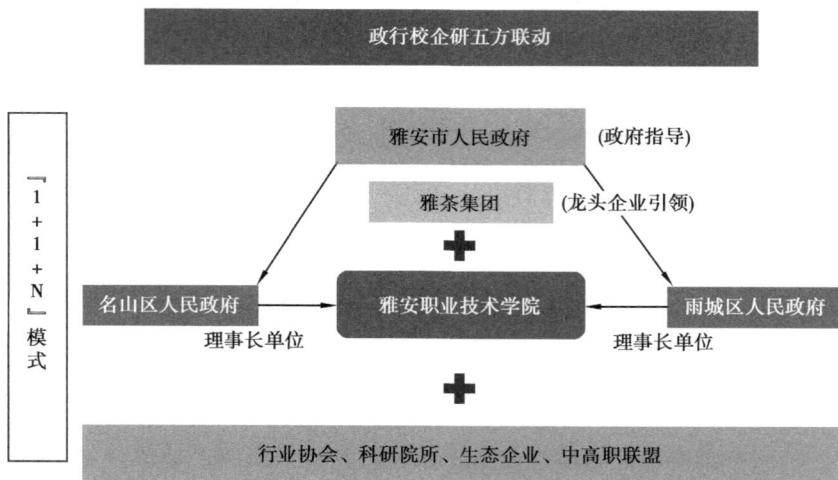

图5-18 蒙顶山茶产业学院"1+1+N"组织运行模式

②确立分层机构运行机制

蒙顶山茶产业学院理事会由政府、行业、学校、企业、科研院所等多方代表组成,负责对产业学院办学过程中有关政策研究、学科建设、人才培养、校企合作、实习实训等重大问题进行审议、决策、监督和协调。理事会下设人才培养委员会、校企合作委员会、科学研究委员会、政策咨询委员会,定期召开会议,讨论产业学院发展的重大事项。蒙顶山茶产业学院设院长 1 名,来自地方政府、企业、学校三方的副院长各 1 名,另设综合办公室(秘书处)1 处。蒙顶山茶产业学院下设人才培养中心、产教融合中心、产学研创中心、社会服务中心和国际交流与合作中心,全面落实产业学院各项机制、流程,确保产业学院在多主体管理下联动发展。蒙顶山茶产业学院机构运行机制如图 5-19 所示。

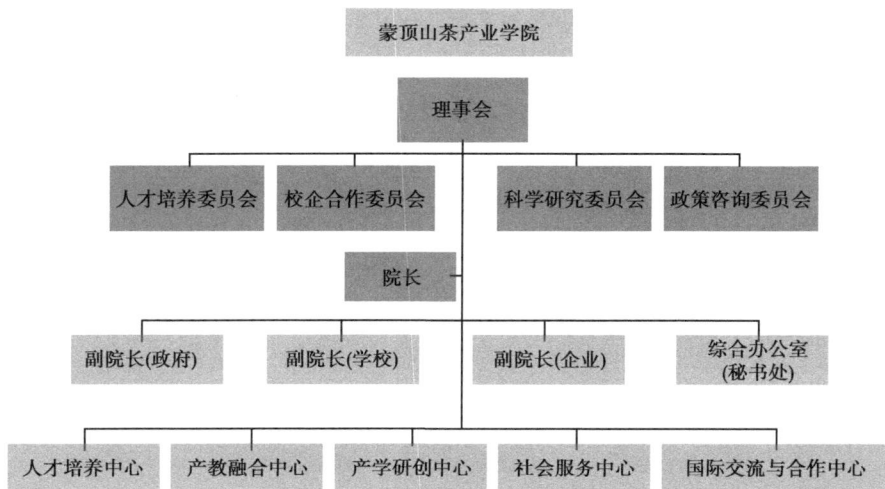

图 5-19　蒙顶山茶产业学院机构运行机制

③打造产学研服务平台

蒙顶山茶产业学院以"茶"为核心,开展多项跨界研究,取得了显著成效,同时,集中打造茶文化与产业服务研究中心、雅安市友谊茶叶有限公司产学研合作基地、雅安食品药品应用开发研究中心、四川省高等职业教育创新发展行动计划食品药品生产性实训基地等研发平台 6 个。蒙顶山茶产业学院着力打造茶文化与产业综合实训中心,即茶创空间。该中心占地约 900 平方米,创设了以茶叶生产加工、审评与检验、茶艺与茶道、创新创业为体系的实训场所,形成了集茶叶生产、审评、茶文化体验与交流活动、创业孵化、科研创新、教育培训、茶事服务与接待等功能于一体的茶文化与产业服务平台。国家土壤质量雅安观测实验站是以蒙顶山茶产业学院为平台,与四川省农业科学院茶叶研究所共建共享的科研实训平台。该平台共有 12 个实验室,其设施设备价值 890 余万元,实验室配备了连续流动分析仪、元素分析仪、高压离子色谱仪、气质联用仪等各类仪器设备 50 余套,具备茶园环境、土壤质量、茶树生长与茶叶品质等指标的实验室检测能力。

④构建全产业链产教融合平台

政校企行所五方联动,实现教育资源集约整合,人才培养着力全面化,建设成果全域共享的产教融合发展格局。全产业链产教融合平台如图 5-20 所示。

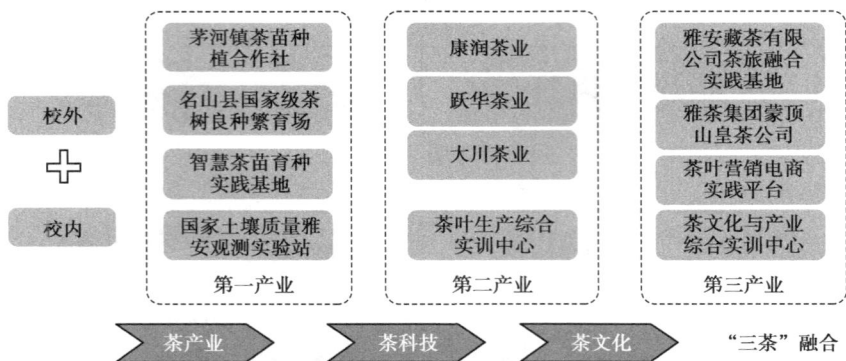

图 5-20　全产业链产教融合平台

(3)成果成效

①培养茶产业应用型人才

教师创新依托四川省优质高等职业院校建设项目跨界协同共建茶产业服务与茶文化创意中心,服务地方重点产业发展,组织学生参加各项技能大赛,获奖 25 项,其中,省级及以上奖项 15 项,学生毕业前"1+X"证书(专业职业资格证书)获得率高达 80%。根据茶产业需要,蒙顶山茶学院所培养学生主要进入上海仙茶美文化咨询有限公司、上海孚和茶业、杭州君悦酒店、四川省大川茶业有限公司等茶行业龙头企业,流向茶文化传播、茶叶电商销售、茶叶生产加工、茶叶质量检验、茶旅研学、茶园管理等多个岗位,就业率高达95%。学生就业与本专业契合度达50%,就业岗位丰富,行业发展前景喜人,学生就业满意度达70%。部分学生毕业后通过专升本考试,进入宜宾学院、乐山师范学院、四川文理学院等本科院校,在茶学、市场营销、旅游管理、酒店管理等相关专业继续深造,升学率达20%。

②培育内涵建设成果

蒙顶山茶产业学院已建成国家级资源库2个、国家级课程1门、国家级产业学院案例1个。学院教师担任主编或副主编完成的教材7部,其中,国家规划教材2部;同时,承接地方政府项目,主编完成了《茶艺》和《蒙顶山茶科普读本》(图5-21)。

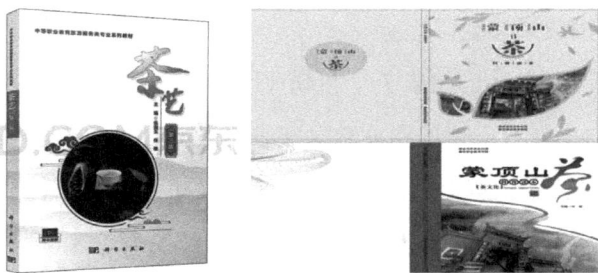

图5-21　蒙顶山茶产业学院《茶艺》教材和《蒙顶山茶科普读本》

③构建"2+6"专业群模式

蒙顶山茶产业学院紧紧围绕地方特色重点茶产业,在茶艺与茶文化和茶叶生产与加工技术两大核心茶专业基础上,将茶叶审评检验、茶叶加工、茶叶生物化学、茶艺与茶文化、茶叶市场营销等课程融入跨学科专业建设中,搭建课程融通、专业融通的一体化平台,跨界协同医药卫生、食品营养、文化旅游、电商物流等领域的6个专业,构建"2+6"专业群模式(图5-22),链接茶产业一、二、三产全产业链。蒙顶山茶产业学院面向实践茶文化、茶产业、茶科技"三茶统筹"总体定位,发挥校企资源优势,构建具有系统性、跨学科性的"校内-校外""课内-

课外"相结合的课程体系。

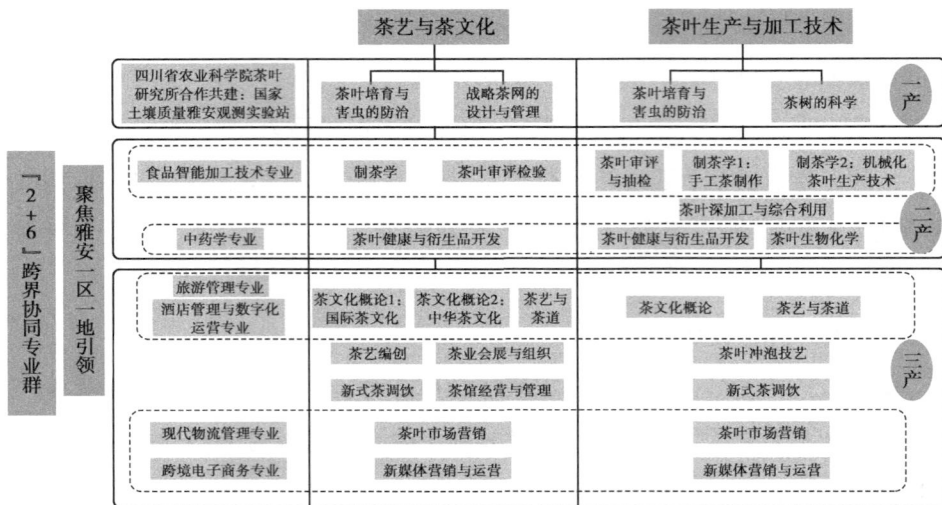

图5-22　蒙顶山茶产业学院"2+6"专业群

④产学研用成果转化

蒙顶山茶产业学院已建成7个科研平台:国家级2个(国家土壤质量雅安观测实验站、中央财政支持的职业教育实训基地——生物制药实训基地),省级1个(四川省高等职业教育创新发展行动计划食品药品生产性实训基地),校级4个(茶文化与产业服务研究中心等)。教师公开发表论文63篇,其中,中文核心期刊7篇,一般期刊56篇。科研成果转化茶饮品"陈皮黑茶"已进入规模化生产阶段,年产值达300万元(图5-23)。

图5-23　蒙顶山茶产业学院科研成果转化茶饮品"陈皮黑茶"

⑤社会服务走向全国

教师作为行业专家受邀执裁省级以上大赛 15 项,国家级 2 次,省级 13 次;参与中国茶叶协会社会服务 100 余项,专业教师每年参与对外科技服务 20 次以上。蒙顶山茶产业学院组织承办"中国百茶宴"、"蒙顶山杯"第七届中国黄茶斗茶大赛等茶事活动,是承接天府国际会议中心茶事服务的唯一团队。中国茶文化跟随蒙顶山产业学院走出国门、走向世界。学生先后前往法国、泰国、摩洛哥、日本等开展国际茶文化交流。

3. 成都农业科技职业学院——基于"三对接、两模式、多激励"的通威产业学院运行机制的探索与实践

(1)实施背景

成都农业科技职业学院是 2002 年经四川省人民政府批准建立、成都市人民政府主办的、四川省唯一一所公办农业类普通高职学院。学校发轫于 1937 年由国立四川大学农学院代办的省立成都高级农科职业学校,前身为 1958 年组建的国家重点中专——四川省温江农业学校。在办学过程中,学校始终把情感系于"三农",把理想系于农村,把教室放在田野,把出路寄于创新,形成了"为三农服务,为兴农育人"的办学理念和"亲农、事农、兴农,敬业、勤业、创业"的文化精神。2006 年,学校在全国高职高专人才培养工作水平评估中获得"优秀";2014 年,学校通过四川省首批省级示范性高等职业院校验收;2019 年,学校被确定为全国优质专科高等职业院校,入选首期"中国特色高水平高职学校和专业建设计划"建设单位;2020 年,学校成为四川省本科层次职业教育人才培养改革试点学校;2021 年,学校入选全国乡村振兴人才培养优质校。

围绕四川"10+3"现代农业产业体系和成都"4+6"都市现代农业产业体系,学校设有农学园艺、风景园林、畜牧兽医、经济贸易、休闲旅游、城乡建设、机电信息、马克思主义、通识教育和国际教育等 10 个二级学院,现有招生专业 38 个,其中国家骨干专业 3 个、中央财政支持专业 2 个、省级示范专业 4 个、省级重

点专业 3 个、"1+X"证书试点专业 33 个,试办农学、风景园林、动物医学、园艺 4 个职教本科专业,构建了服务农业全产业链的作物园艺、休闲旅游、畜牧兽医、风景园林、农业装备等特色专业群。

学校不断深化产教融合,构建了以集团(联盟)为融合载体,特色产业学院、产教融合实训基地为元素的产教融合集群新平台。学校联合发起成立中国休闲农业产教联盟、成渝地区双城经济圈现代农业产教联盟等,与中国 500 强企业新希望六和股份有限公司、通威股份有限公司共建新希望现代牧业产业学院和通威产业学院,并与新希望六和股份有限公司"双理事长"运行四川现代农业职教集团。该集团被推选为国家级示范性职教集团培育单位。为满足成都农业产业园区高素质技术技能人才需求,学校"送教入园区",与蒲江天府农创园、成都现代农业装备产业园共建天府农创园特色水果产业学院、金堂食用菌产业学院,并深度打造花艺大师工作室等 5 个企业(大师)工作室。学校入选全国高职院校首批产教融合、创新创业"双百强"名单。

学校坚持面向"三农"、立足成都、着眼四川、辐射全国,在推进农业现代化的进程中,主动投入农村经济建设主战场,为乡村振兴战略提供有力的人才和技术支撑。作为全国首批现代学徒制试点单位,学校在全国率先挂牌成立成都农业职业经理人学院,开农业职业经理人学历教育先河,其成果入选教育部现代学徒制典型案例。学校积极响应"百万高素质农民学历提升行动计划",大量招收返乡农民工、退役军人等,其典型经验入选教育部高职扩招教学改革典型案例。学校按照"一校多点"的思路,大力推进 11 个"农民田间学校"建设,打造科技、教育、产业、人才、政策紧密融合的区域农民培育新形态,大力开展新型职业农民、基层农技人员等各级各类培训,年均培训 3 万人,学校荣获"2020 创新乡村振兴实践典范"奖。

为培养满足数字化水产养殖全过程需要的复合型、多样性人才,2021 年,在四川省教育厅、四川省水产局、成都市教育局、成都市农业农村局指导下,学校联合农业产业化国家重点企业通威股份有限公司成立通威产业学院。针对产业学院运行过程中校企多部门多层面对接效率低、水产农装订单班选拔模式难以兼顾、师生及管理团队参与意愿不强等诸多难题,学校通过构建产教融合推进协作机制、专业学生开展个性化订单班选拔、制订师生激励机制等举措,开启了产业学院高效运行新模式。通威产业学院致力于培养现代水产行业产业链"精技术、善创新、爱三农"的高素质技术技能人才,推动教育链、人才链与产业链的有机衔接,为四川"川鱼振兴"赋能,为四川乡村振兴助力。

（2）**主要做法**

①"三对接"联动管理,实现校企、校内、专业三个层面高效衔接

一是校企层面,人力资源部与产教融合处有效对接。通威产业学院实行理事会领导下的院长负责制,宏观合作由通威人力资源部与学校产教融合处对接,负责制定制度,组织开展重大活动。二是校内层面,产教融合处与二级学院有效对接。强化产教融合处主动服务意识,结合自身职能,对二级学院工作提前介入、及时指导、靠前服务,促进学院之间合作联动,协调解决推行过程中的重难点问题,结合督查和考核制度,对相关工作进行跟踪问效、督查督办,确保各项措施落实到位。三是专业层面,生产部门与专业带头人有效对接。通威产业学院成立专业建设指导委员会,建立企业生产部门与专业带头人沟通制度,就专业建设、课程建设、实习实训等具体内容开展合作。

②"两模式"个性化组班,实现水产、农装专业学生差异化发展

一是水产班择优选拔组建订单班。水产养殖技术专业采用"三结合,三循环,两指导""工学交替,人才共育"的"现代学徒制"人才培养模式,学生入学即入职,新生择优选拔组建订单班,第一年即到企业进行认知和跟岗实习。二是农装班整个专业组建订单班。现代农业装备应用技术专业采用"产学研训一体、双能导向"的人才培养模式,注重学生掌握机械、电子、物联网、智能控制等机电类通用专业知识和综合技能,学生第六学期可通过双向选择进入通威股份有限公司顶岗实习。

③"基于价值贡献"多元化激励,营造师生人人争做英雄的氛围

一是设置通威奖学金。企业为通威产业学院优秀学生提供通威奖学金,按照学校学生奖学金评定办法,由校企双方共同商定后,报通威产业学院院长审批,进行表彰奖励。二是设置优秀个人奖励。校企每年通过部门推荐,经人事部门师德师风和党风廉政审查,并由通威产业学院院长审批,最终产生通威产业学院优秀个人。三是设置专业导师。选拔具备较高专业理论知识和操作技能的老师担任专业导师,以点带面、以尖带精,帮助学生进一步拓宽视野、提升格局。四是科研揭榜挂帅。依托通威技术中心,校企共同组建科研团队,围绕产业关键技术、重要工艺进行研发和协作创新。

(3)成果成效

①需求导向的运行机制提升了校企合作的适应性

以满足企业需求为动力,"三对接"机制运行良好。校企共同制定《通威产业学院企业专项经费管理办法》《通威产业学院企业奖学金评定管理办法》《通威产业学院优秀个人评选办法》等管理制度,共建省内一流的智慧渔业科研与实训中心,企业投入近100万元,用于横向项目、学生奖学金、实训基地、主题班会和教室打造。

②岗位匹配的专业建设提升了人才培养的适应性

根据通威养殖和饲料加工环节,新开设水环境化学与水质管理、动物营养与饲料加工设备等课程,引入企业标准,改造机械基础等8门课程。2022年,通威产业学院新增学生70人,虽没有毕业生,但在其品牌影响下,23名学生与通威股份有限公司签订就业协议,提前实现了招生就业的良性循环。

③可复制、可推广的实践经验广泛传播

通威产业学院模式为现代产业学院运行管理提供了可复制、极具推广价值的实践经验。四川省教育厅、四川省水产局、成都市教育局、成都市农业农村局等领导多次来校调研,玉溪农业职业技术学院等兄弟院校也专程来校学习经验。中国教育报、锦官新闻、四川广播电视台等主流媒体多次报道通威产业学院的相关经验。

（4）推广应用

①深化融合,前瞻性提出校企合作"三对接"管理运行新理念

立足校企合作对管理体制的新要求,通威产业学院前瞻性提出适应学院的管理运行体系,以学校与企业、学校各部门、合作专业对管理沟通的顺畅需求为落脚点,以分层分类、科学管理、有效对接为手段,形成了校企、校内、专业三个层面有效对接的管理运行新机制。

②差异选择,创新性提出产业学院"2+2"选拔培养新模式

针对通威股份有限公司对两个专业需求的差异,水产班"择优选拔"组建订单班,侧重培养学生生产性岗位技能,农装班"整个专业"组建订单班,侧重培养学生通用性专业技能。通过推行两种模式并存的方式,产教融合得以破冰前行,解决了困扰通威产业学院在两类人才组班、培养时难以兼顾的难题。在培养模式上,通威产业学院采用公司和学校现代学徒制"双主体办学、双课堂育人"培育模式,通过在生产实践、岗位角色中的同步培养,使学生深入实际生产,提前进入岗位角色,掌握专业技术技能,从而帮助他们挖掘自身的职业潜质。

③激励驱动,多元化打造以激励机制为支撑的校企良性合作新生态

基于多元治理理论,通威产业学院从企业视角出发,系统设计了多方联动激励机制。为表彰先进、树立典型、激发干事创业热情,通威产业学院通过创新性设置通威奖学金、优秀个人奖励制度,选拔专业导师并实行了科研揭榜挂帅等多措并举的方式,实现了校企合作的良性运作,形成了以师生为中心的校企良性合作新生态。

（四）新文科产业学院案例

1.常州机电职业技术学院（江苏）——三线并举、双向耦合,建设新华三人工智能产业学院

（1）实施背景

常州机电职业技术学院是一所省属公办全日制普通高等学校,隶属于江苏

省教育厅。学校创办于 1963 年,原名常州市机械职业学校,2002 年 6 月独立升格,现坐落于常州科教城。2010 年获批为国家示范性(骨干)高职院校,2015 年通过教育部第二轮人才培养工作评估,2018 年获批为江苏省高水平高职院校,2019 年获批为中国特色高水平高职学校建设单位,2022 年在"双高计划"建设中期绩效评价中获"优秀"等次。先后获高职院校育人成效 50 强、服务贡献 50 强、产教融合 50 强、国际影响力 50 强,入选全国高职院校服务贡献典型学校、教师发展指数优秀院校、学生发展指数优秀院校,获第七届黄炎培职业教育奖"优秀学校奖"。

学校设有机械工程学院、电气工程学院、模具技术学院、交通工程学院、信息工程学院、经济管理学院、创意设计学院、继续教育学院、国际教育学院、马克思主义学院、通识教育部、体育部、创新创业学院等 13 个教学单位。学校聚焦智能制造技术,研制专业群与智能制造产业链对接谱系,对接区域智能制造产业链,覆盖品牌与创意、设计与加工、集成与维护、控制与决策、经营与管理、车辆与交通等环节,开设招生专业 43 个,设置 8 个专业群,形成智能制造专业集群,其中有国家级重点建设专业群 2 个、省级重点建设专业群 4 个。

产教深度融合赋能,校企协同育人增值。学校瞄准江苏高端装备与智能制造产业集群,融入"国际化智造名城、新能源之都"城市发展战略,校内智能制造产教园实现数智蝶变,校外校企合作工作站提档升级,推进"一群一行业、一专一名企、一团一技术、一师一方案、一生一专项"五维一体产教合作模式与创新实践,打造"内园外站、五维一体"产教融合新模式。对接溧阳高新区动力电池等千亿产业集群打造新型电力与高端装备市域产教联合体,主动对接江苏省"1650"和常州市"1028"产业体系,牵头建设全国工业机器人与智能装备、全国智能检测与先进制造、新能源输送等行业产教融合共同体 7 个,人工智能产业学院、精密制造产业学院等 4 所产业学院,全国机械行业工业机器人及智能装备职教集团、现代农机人才培养联盟等职教集团(联盟)5 个,智能装备与先进制造等开放型产教融合实践中心 2 个,园区"立体化"校企合作基地 224 个、博士工作站 29 个,教授大师工作室 8 个。"产教园+工作站"校企互哺、"产业学院+园区基地"校地互融、"共同体+联合体"两翼并进,全面提升产教互促服务发展能级,形成了"双向赋能、三层递进"产教融合新格局。学校产教融合典型经验被中央电视台等媒体报道 30 余次。

2019 年,学校面向先进制造业数字化、网络化、智能化发展新趋势,瞄准苏锡常、长三角制造业数字化人才培养新要求,携手新华三集团、北京华晟经世信息技术股份有限公司等行业龙头企业,建设新华三人工智能产业学院(图 5-24)。学校聚焦"提升绩效产出、提高培养质量、提优双师素质"三大领域,创新实践了"三线并举、双向耦合"产业学院建设新模式,成为区域校企合作新典范。

图 5-24　校企共建新华三人工智能产业学院

(2)主要做法

①双向协同、绩效导向,构建质量保障机制

新华三人工智能产业学院整合政府、行业、学校、企业四方力量,形成"政府政策激励+行企资源对接+办学主体责任+企业外部活力"的校内校外双向协同机制;出台《产业学院建设管理与实施办法》《理事会章程》,构建资金共投、教学共施、师资共融、成果共享等 7 个共同建设推进机制,完善绩效导向+多主体联动+全过程监测的质量保证机制;打造"3+10+43"三级绩效指标体系,构建"项目+团队+个人"三级联动、指标到人的责任体系,完善"五年大考、三年中考、一年一考、一月一报"过程化考核机制,以确保产业学院的重点绩效产出。新华三人工智能产业学院组织架构如图 5-25 所示。

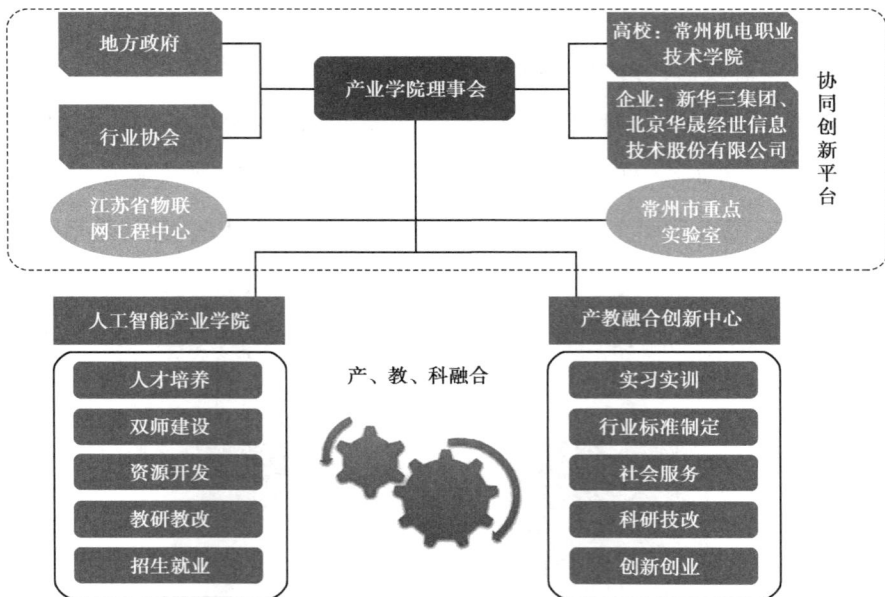

图 5-25　新华三人工智能产业学院组织架构

②双向赋能、三进四合,推进人才培养模式改革

新华三人工智能产业学院成立"树人书记工作室",以建设"全国党建工作样板支部"为目标,实施"教师+学生"双示范工程,通过"组织联结+阵地联建+活动联办"的方式,推动双带头人培养、"两学一做"、"三会一课"等党建工作与人才培养的互融互促、双向赋能。

新华三人工智能产业学院构建"课程+讲座""项目+实战""竞赛+双创"三递进人才培养模式。在学校与企业双主体的引领下,因材施教,组建 ICT 杰出人才创新班,并划分创新创业培育、技能大赛训练、企业项目实操三个赛道,实施"专任教师+企业工程师"的双导师制,实现"专业+课程+课堂+项目"的四融合。同时,在人才培养的全过程中,采用积分制评价,以激活教与学两端的内驱力,从而提升人才培养的成效,实现倍增效应。新华三人工智能产业学院人才培养模式如图 5-26 所示。

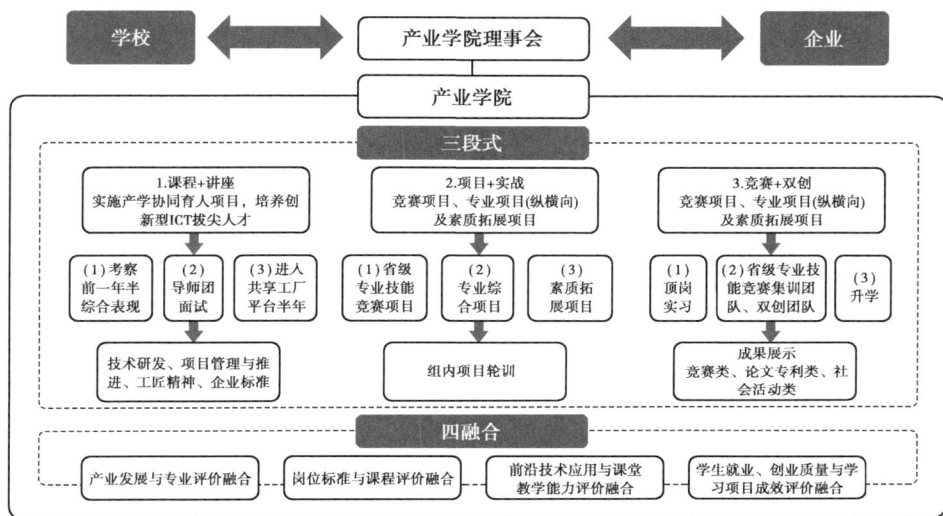

图 5-26　新华三人工智能产业学院人才培养模式

③双向交流、分类发展,打造高水平师资队伍

构建"工程师进课堂、专任教师进企业"的双向交流机制,出台了《专业教师企业实践管理办法》等制度。8 名企业工程师入驻产业学院,教学任务承担比例达 50.6% 。对接中通服等 ICT 头部企业,每年 20% 比例校内专任教师下企业实践。

建立"分类发展、个性评价"教师发展评价标准,划分"教学教研、带赛教练、技术服务"三类型教师发展赛道,以"双师"素质评价为主线,以"岗位职责+服务质量+育人成效"为导向,构建"以岗位工作质量论绩效"的分配制度,激发内生动力、激励自我发展,打造高水平"双师"队伍。

(3)成果成效

①人才培养成果突出

学生获第八届中国国际"互联网+"大学生创新创业大赛金奖 1 项、全国职业院校技能大赛一等奖 1 项。

②"双师"团队能力提升显著

教师获全国职业院校教学能力大赛国赛一等奖 1 项、江苏省青蓝工程优秀教学团队 1 项。

③辐射推广具有影响

入选中国高等教育学会"校企合作 双百计划"等 10 余个典型案例和实践基地项目。各级领导、兄弟院校来校交流学习 80 余批次,多次被《中国教育报》等国家级媒体专题报道。

2. 成都工业职业技术学院（四川）——探索混合所有制办学模式 推进校企高质量协同创新

（1）实施背景

成都工业职业技术学院肇始于 1951 年,前身为成都铁路运输学校、成都市工业学校、成都市建设学校等 6 所行业中专校,2014 年经四川省人民政府批准设立为公办全日制高等职业技术学院。学校以立德树人为根本,以服务发展、促进就业为导向,秉承"以德润身、技臻至善"的校训,立足成都、服务四川、辐射全国,为全面建设社会主义现代化国家提供有力的人才和技能支撑。2021 年,学校入选"四川省高水平高职学校和高水平专业群"建设单位;2022 年,轨道交通信号与控制专业被纳入四川省本科层次人才培养改革试点。

学校服务成都产业建圈强链,瞄准优势产业,打造智能制造与汽车、轨道交通、信息工程、建筑工程、财经商贸 5 大专业集群,开设工业机器人技术、新能源汽车技术、城市轨道交通运营管理、人工智能技术应用等 42 个高职专科专业,为成都建设践行新发展理念的公园城市示范区提供高素质技术技能人才支撑。已建成国家级现代学徒制试点专业 2 个、省级 4 个,国家示范专业点 1 个,省级高水平专业群 2 个。

学校深入推进产教融合、校企合作,围绕新一代信息技术、高端装备、智能制造、新材料等重点行业和重点领域,与中国移动、成都地铁、四川领克、京东、上海奥的斯、用友新道,德国奔驰、巴斯夫、英国 IMI 等国内外龙头企业开展教育资源共建共享、技术创新服务、科研成果转化等方面的深度合作,推动职业教育资源与区域重大产业战略相匹配。瞄准重大产业功能区,建立装备制造、汽车、跨境电商、国际产业学院和建筑工程等"园中校",实施"2+0.5+0.5"人才培养模式改革,零距离为园区输送人才。

2021年6月17日,学校抢抓国家及省市推进新时代职业教育高质量发展政策红利,在四川省委、省政府与浙江省委、省政府联合在成都市举办的深化东西部协作和交流合作项目签约仪式上,与新华三集团决定共建全国首个具有混合所有制特征的实体产业学院——新华三芯云产业学院。

(2)主要做法

新华三芯云产业学院以"践行协同创新·深耕提质培优·赋能立蓉兴蜀"为理念,以做强"新时代职业教育改革的先行者"为目标,开展"政府建+企业投+校企用"的混合所有制办学试点。学校投入场地、生源、经费、专业师资等,新华三集团投入管理团队、企业导师、信息化产品、实训设备、就业资源、师资培训等,共同推进校企"人才共育、专业共建、课程共通、师资共培、管理共治、资源共享、平台共搭、文化共融、情感共鸣"的"九共联动"机制,探索混合所有制办学新模式。

①引入现代企业管理模式,校企协同构建治理新机制

新华三芯云产业学院实行理事会领导下的院长负责制。理事会作为新华三芯云产业学院的管理与指导机构,对学院的重大规划、管理制度、财务预(决)算、绩效分配等进行集体决策,学校党委有1票否决权。理事会设理事长1名、理事6名,其中理事长由校长担任,理事中有学校代表2名和企业代表4名。

坚持党建引领,建立健全基层党组织。学校党委选派信息工程学院骨干力量担任党总支书记、副书记和副院长各1名,新华三集团选派院长、副院长各1名。新设"产教融合科",企业选派科长1名、管理人员6名,协助学院提升行政管理、科研、教材开发、就业创业等方面的质量与水平。通过党建引领,新华三芯云产业学院协同创新发展,实现校企共建、共治、共享的目标。

②引入企业真实工作任务,校企联合开发教学新体系

校企协同,推进项目化教学。新华三集团组建由产业工程师引领的企业导师团队,与信息工程学院教授等引领的专业教学创新团队协同,引入新华三集团及生态企业真实工作任务,邀请行业资深专家对全体教师进行项目化教学培训。在培训学时上,理论教学占总学时的1/4,项目化实训占总学时的3/4。

共建高品质实践教学环境。新华三集团在开学前率先投入了200万元资金打造了信息安全、云计算等4个校内实训室,并引入新华三集团"领航者"文化,营造"认岗融入、跟岗融合、顶岗融通"的职场化实训实习环境。

联合实现高质量育训结合。入学教育包括院长亲授的"开学第一课"和职场专家面授的职业素质发展课。企业组织新生赴园区开展专业认知教育,学校则举办"智慧城市 智绘生活"校园文化节,校企联合开展"芯云讲堂"等,携手促进学生全面发展。

③引入行业最新生态体系,校企共建学生就业新格局

引入行业最新生态体系。新华三芯云产业学院引入新华三集团"10000+生态",旨在契合成都及四川区域电子信息行业企业高素质技术技能人才和高水平技术技能创新服务需求,建立高素质人才选拔机制和高品质平台赋能机制,以畅通信息安全、移动应用开发、物联网等专业学生就业创新路径。

共同推进学生优质就业。新华三集团及全生态企业向芯云产业学院学生敞开怀抱,提供"种子计划(生态择优联合培养)""AIO计划(即订单班)""一园一院教学(大三到园区上课)"和就业招聘等多种方案,拓宽学生的就业出口,同时,投入的生态企业等就业资源也将极大地提高学生的对口就业质量。

(3)成果成效

①校企共同探索党建引领的混合所有制办学模式

学校党委与企业党组织共同加强新华三芯云产业学院党建工作,共同推进芯云产业学院理事会领导下的院长负责制,以此为校企高质量共建、共治、共享提供坚强的政治保障。

②补齐学校技术及教学短板

引入"芯云团队"入驻学校后,新华三集团持续投入人力、财力等进行芯云产业学院实训基地建设、项目制教学培训、优质师资培养、教材联合开发、课程体系升级等。新华三集团利用自身优势与特色资源,助力学校补齐技术创新"短板"、补足教学创新团队"头雁"、补强跨界融合"弱项"。

③紧密接榫产业人才需求

新华三芯云产业学院深入进行成都市电子信息等万亿级产业集群人才需求分析、标杆院校分析与自身 SWOT 分析,以立德树人为主线、以协同创新为动力、以提升技术为要点、以提升综合素养为目标,制定了《专业设置与发展规划》《人才培养方案》。

④建设项目化教学模式

基于学生未来就业岗位核心能力,新华三芯云产业学院引入新华三集团的真实工作任务,按企业需求与产业标准,重新构建了具有新华三芯云特色的项目化课程体系,科学设计并持续推进一体化、生态化的实训基地(项目教学实践、跨专业融合实践、项目开发中心)建设。

⑤构建高水平结构化教学创新团队

践行跨界融合、坚持自主与协同创新,学校教师加入以产业工程师为项目负责人的技术开发团队,参加技术研发以提高技术水平。新华三集团工程师通过教学技能培训、走进教学一线等方式,共育共建共享一支数量充足、结构合理、技术精湛、素质优良的教师团队。新华三芯云产业学院积极推进实训基地建设,开展企业教师流动工作站建设,并派驻企业工程师进校成立联合工作站等。

⑥引入电子信息行业龙头企业及其生态

新华三芯云产业学院与新华三集团高质量推进"订单班""一园一院"等校企协同育人项目,并充分利用新华三集团及其生态资源,根据企业的用人需求,培养学生技能,提高学生职业素养;以考场模拟职场环境,针对不同岗位定位对学生进行能力评估,为企业输送优秀的技能型人才,推动学生就业质量提升。

(4)推广应用

新华三芯云产业学院受到省内外高职院校和企业的广泛好评,吸引了浙江安防职业技术学院等近 10 所院校前来学习交流,也迎来了华为、百度、司空等龙头企业到校,洽谈共建产业学院相关事宜。2021 年 10 月 29 日,成都工业职业技术学院受邀在成都高新区电子信息产业产教融合基地启动仪式上做芯云学院建设主题经验分享,形成了芯云产业学院建设经验。

一是党建领航。建立新华三芯云产业学院党总支,完善"支部+专业群""支部+项目"工作机制,积极探索新华三芯云产业学院党总支"校企共建"工作模式,为产业学院运行提供强力保障。二是机制突破。制定《新华三芯云产业学院章程》,明确校企责、权、利,组建产业学院理事会,建立理事会领导下的院长负责制,制定《新华三芯云产业学院党政联席会议制度》,构建校企共建共管长效机制。三是管理创新。实施《校院二级管理实施方案》和《产业学院绩效考核办法》,将新华三芯云产业学院的专业纳入全校专业排名,根据排名学校给予相应的资源配置,激发其办学活力,并提高其办学质量。

3. 四川财经职业学院(四川)——商务大数据现代产业学院 推进校企高质量协同创新

(1)实施背景

四川财经职业学院创建于 1963 年,1993 年成为省部重点中专,1994 年成为国家级重点中专,2006 年升格为高职专科,隶属四川省财政厅,是经四川省人民政府批准、教育部备案的全日制公办普通高等职业院校,四川省示范性高职院校、优质高职院校和"双高计划"立项建设单位,是教育部现代学徒制试点单位、"一站式"学生社区综合管理模式建设自主试点高校和四川省职业本科首批试点院校之一,也是全国财经职业教育教学指导委员会委员单位、四川财经职业教育联盟牵头单位、四川省民族团结进步示范学校、四川省"三全育人"综合改革试点高校。

学院秉承"理财至诚 精业致能"的校训,以培养财经类高素质技术技能型复合人才为使命,坚持扎根财经沃土,坚持服务行业发展,坚持差异化、特色化、数字化、品牌化融合发展。学校现有专业 22 个,其中,会计、金融管理、市场营销 3 个国家级骨干专业和省级重点专业,大数据与财务管理、金融服务与管理 2 个中央财政重点支持建设专业,大数据与会计专业群、电子商务专业群 2 个省级高水平专业群,大数据与会计 1 个中外合作办学项目,大数据与会计、电子商务 2 个职业本科试点专业。建有以大数据与会计专业群为优势,以电子商务专业群、金融科技专业群、工商企业管理专业群为特色,以大数据技术专业群为支撑的专业集群,形成了优势突出、特色鲜明、技术赋能的专业(群)协同发展格局。

2018 年,学校与京东集团开展校企合作。2021 年,电子商务专业群被立项为四川省"双高计划"高水平专业群。同年,电子商务专业获批"四川省本科层次职业教育人才培养改革试点专业",并与四川轻化工大学采取"1+3"分段模式联合培养人才。四川财经职业学院商务大数据现代产业学院,依托电商信息服务龙头企业京东集团和学院省级高水平电子商务专业群,探索混合所有制的有效实现形式,充分发挥企业的重要教育主体作用。商务大数据现代产业学院紧扣"双循环"新发展格局,深耕商务沃土,充分发挥企业岗位优势、技术优势、产品优势,打造以电子商务专业为龙头,大数据技术、商务数据分析与应用互为依托的"品"字形专业群建设格局,探索新商科融合新工科、助推新文科发展的新路径。

(2)主要做法

①构建"1+1+N"组织架构

商务大数据现代产业学院依据《四川财经职业学院关于推进产业学院建设的若干意见》,实行理事会领导下的"双院长"负责制。理事会成员由校、企、行、政多元育人主体代表组成,并按照理事会章程及工作制度管理。理事会下设

"双元制"院长领导小组,由工商管理学院负责人和京东产教融合中心主任共同担任院长,按教育链和产业链分管校企双元育人工作,产业学院学生统一纳入学院日常管理;通过项目制设校企双元项目负责人,提高管理效能,确保商务大数据现代产业学院有序有效运行。院士工作站与专业建设指导委员会独立于产业学院,为学院提供技术支撑和专业群建设指导。商务大数据现代产业学院遵循"引产入校,以产带教,以教兴产"的建设原则,结合多元主体的核心优势,采用"1+1+N"的校企合作模式,以学校和京东集团为两个核心主体,以 N 个生态企业和行业协会等为重要支撑。商务大数据现代产业学院组织架构如图5-27 所示。

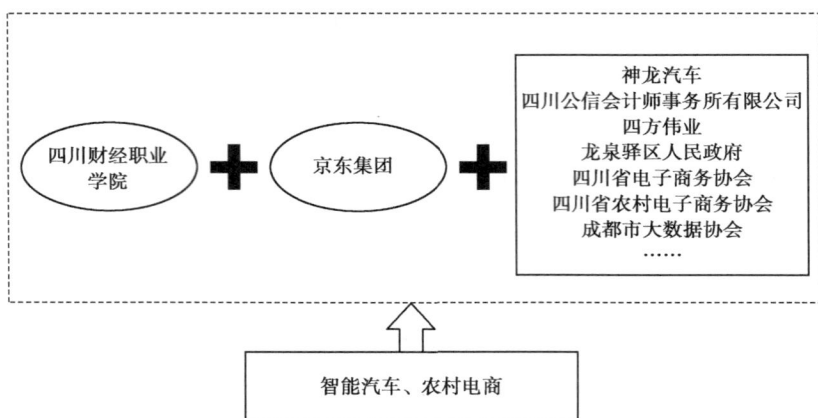

图 5-27　商务大数据现代产业学院组织架构

"1"个主体。四川财经职业学院作为商务大数据现代产业学院共建主体之一,主要负责提供专业群要素、搭建产业运营场景,充实专业建设所需设施设备和软件平台,投入场地、师资等教育教学资源。

"1"个链主企业。京东集团作为商务大数据现代产业学院共建核心企业,与四川财经职业学院深度合作,共同推动商务大数据现代产业学院的建设,主要负责提供产业项目、配置专业人员驻校团队、投入课程和师资资源、开发项目案例、提供信息系统和实训平台账号等。基于自身平台优势,京东集团服务场景辐射各行各业,但在具体的细分领域,商务大数据现代产业学院则遴选相关产业的头部企业强化校企合作。

"N"个合作生态企业和行业协会。商务大数据现代产业学院引入神龙汽车、四川公信、四方伟业等区域优质企业,瞄准汽车、农产品等细分领域开展校企合作。与此同时,商务大数据现代产业学院的建设与发展得到了龙泉驿区人民政府、四川省电子商务协会、四川省农村电商协会和成都市大数据协会在政策、资金、专业建设与成果转化等方面的支持与指导。

②建立"实践教学+综合评价"标准体系

在大力发展数字经济背景下,商务大数据现代产业学院坚持科学文化、专业知识、技术技能并重,重塑电子商务专业数字化改造背景下的商贸类技术技能人才专业能力模型。商务大数据现代产业学院通过解构和重构专业、课程等,构建新专业教学标准、课程建设标准、顶岗实习标准、实训条件标准、专业设备设施配置标准、教材建设标准等"六项"标准,引领组群专业高质量发展。商务大数据现代产业学院构建起了"简单到复杂、单项到综合、封闭到开放、专业纵深到横向拓展、以实为主、以虚助实"的实践教学体系,成立校园京东工作坊(校园客服中心)1个,与40余家企业共建校企实习基地,拥有校内"实战型教学"工作室8个,配有商务数据分析、数据可视化和大数据创新项目等实训室12个,搭建了省级虚拟仿真实训基地1个。多年来,商务大数据现代产业学院与京东、腾讯等头部企业开展合作,引企入校,实现了专业链与产业链对接,现拥有国家级师资培训基地、市场营销国家骨干专业,省级创新型教学团队、电商新媒体创新平台。商务大数据现代产业学院构建了以职业道德评价、职业能力评价、职业成长评价为"三纵",以学生方评价、教师方评价和第三方评价为"三横"的"三纵三横"评价模式,革新了评价方式,拓宽了评价维度。

③搭建"技术+科研+服务"三大平台

一是搭建数据支撑平台。面向智能汽车、农村电商等领域的人工智能、大数据、云计算和区块链等新一代信息技术开展科技攻坚,夯实智能汽车营销和农村电商转型升级过程中的大数据采集、清洗、挖掘、分析、应用等关键能力,引领产业发展方向。

二是搭建科研转化平台。建立院士工作站和商务大数据博士工作站,加强对汽车营销、农村电商方面现状和问题的研究,强化科研引领;成立商务大数据研究中心和成渝农村电商研究中心研究平台,聚焦智能汽车和农村电商,开展理论与实证研究,定期发布龙泉汽车产业发展指数和四川农村电商发展指数等报告,为相关行业和企业发展指引方向。

三是优化社会服务平台。拓展四川省高技能人才培训基地职能,就新一代信息技术认知、技术开发与应用、商务数据分析与应用、电子商务等方面进行专题讲授。依托四川省农村电子商务协会,指导区域农村电商发展,帮助合作社、家庭农场数字赋能,强化财务指导和金融帮扶服务。提升农特产品供销平台服务能力,为电商企业和创业者对接农特产品供应链。服务国家"双循环"战略,为在泰国、马来西亚等共建"一带一路"国家投资的中资企业提供"中文+商务技能"职业培训。

(3)成果成效

①构建财经商贸类数字化能力模型

探索商务类专业新的能力模型"关键能力、岗位能力、数据能力",校企协同创新了数字化能力培养课程体系,形成了"场景识别—能力模型—培养目标—课程设置—资源建设"的专业数字化改造新路径,确立了"初阶→中阶→高阶"12项学生数字化能力培养目标。商务大数据现代产业学院积极践行培养理想信念坚定,德智体美劳全面发展,具有较高水平的科学文化和专业知识、能商务运营、会挖掘采集、善分析应用的高素质技术技能型人才。

②校企合作模式升级迭代

2018年,学校与京东集团开启校企合作,共同经历了企业导师入校指导学生实习、实践,校企共同开发"双元"课程、教材,校企共同谋划产业学院建设、专业数字化改造升级"三个阶段"。商务大数据现代产业学院的建立,进一步围绕服务龙泉智能汽车和农村电商大数据产业,响应龙泉汽车营销和农村电商转型升级对自身大数据采集、清洗、挖掘、分析、应用等关键能力的迫切需求,通过"引企入校""引校入企"打造京东生态企业集聚的特色产业学院,在此基础上,形成"1+1+N"多元主体共建共管共享的模式。

③产教对接创新应用场景

商务大数据现代产业学院以市场理念为逻辑起点、以市场数据为分析主线,全面对接京东电商物流及大数据产业链入校运营,构建产教深度融合发展模式,为企业优化资源配置、科学决策提供数据支撑和服务,加快人才培养供给侧和产业需求侧结构要素全方位融合,为社会培养高素质技术技能型人才。围绕服务区域特色产业发展和乡村产业振兴的需求,商务大数据现代产业学院面向龙泉智能汽车和农产品商务大数据产业,以场景创新助推人才培养、科学研究、社会服务及队伍建设模式和平台创新。

(五)产业学院典型案例述评

纵观新工科、新医科、新农科、新文科"四新"领域的高职院校产业学院建设经验,笔者发现,虽然东中西部产业发展水平与高职院校建设水平之间存在区域间、院校间的差异,但是产业学院建设都充分结合了区域及院校发展基础,通过"扬长板"的方式在校企已有合作基础之上进行迭代升级,或整合各方资源进行重构建设。主要做法则集中于建立健全制度保障、师资队伍、课程体系、研创中心、服务平台、评价机制等内容,着力于符合产业发展需求的专业型、复合型人才培养。但当跳出单个的产业学院建设经验框架,从总体来看产业学院建设时,笔者发现,在产业学院建设合作意愿、合作分布等方面仍存在着一些有趣的现象。

从产业学院建设合作意愿来看,随着国家对职业教育的系列改革与支持政策的落地,大量实体企业及资本快速涌入教育行业。校企共建专业、产业学院、混合所有制二级学院、职教集团等模式如雨后春笋般涌现,校企合作门槛也不断提高,原有的校企共建合作生态逐渐被打破。本土企业有能力为学生提供部分实习实训岗位或能灵活、及时配备师资及设备资源。然而,相较于知名企业、头部企业,本土企业的经营规模和影响力存在较大差距。因此,学校在合作中往往更倾向于与规模以上企业合作,这也导致了在选择合作伙伴时可能出现挑剔的现象。而一些国际知名企业有品牌也有一定经济实力,面对职业教育这块"蛋糕",要么外包给第三方培训机构,要么单独成立培训部门实行独立经营、独立核算。这些机构或部门一是对区域产业布局、区域经济环境以及本土职业教育特色缺乏深入了解;二是本地化师资、设备以及能用于师生参与研发的项目资源、岗位较少;三是过度看重短期合作规模及效益,时常考虑投入资源要收益最大化。①

从产业学院建设合作分布来看,由于高职院校更愿与知名企业、头部企业共建产业学院,东中西部高职院校与同一家头部企业合作的情况屡见不鲜。换言之,知名企业与高职院校合作虽然在区域分布上有所差异,但合作模式、合作内容等相似度极高。某些知名企业所在区域,学校与学校之间共建产业学院出现的专业同质化现象极为严重,这些产业学院缺乏"链""群"的多元发展,导致出现扎堆的同质化专业。这可能引发两方面的问题:一方面,区域学生面临同期竞争加剧的"出口难"问题;另一方面,区域产业链所需的人才链和创新链可能因专业链缺失而无法和产业链有效对接的问题。

从产业学院建设合作内容来看,各方主要在师资培养、课程建设、教材研发、证书规范等方面开展不同程度的合作。产业学院建设主要以"学院式"的内容为主体建设的框架,在整合资源、规范管理、系统培养人才等方面具有显著优势,但也存在一些局限性。这使高职院校在利益相关者的博弈中,主要扮演着"需求者"角色,增加了对企业资源的依赖程度。如果企业投入不足或合作意愿减弱,可能会影响产业学院的正常运行和教学质量。因此,产业学院的成果成效不应仅限于"学院式"产业学院呈现的建设内容完成度,而应兼顾"经济"与"学院"利益共同体各方共同的成果与成效的体现。

---

① 秦凤梅. 职业教育产教融合质量评价探索[M]. 重庆:重庆大学出版社,2021:44-45.

从产业学院建设评价来看,少数产业学院引入了评价制度。对于这部分采取年度评价的产业学院而言,评价目的多以诊断、鉴定或项目择优为主,而对专业内核质量的关注却显得不足。评价方式以学校自评为主,有的采用"优良中差"的评价维度,有的采用百分制评价方式。评价主体主要是院校一级的相关职能部门,极少有企业方的参与,这导致老师、学生和一线工程师等利益相关者的认知与感受相对较弱。评价过程主要强调物化材料的收集,而对人才培养质量和专业内涵建设质量的关注度偏低。评价结果仍聚焦于标志性成果的达成情况,且缺少持续改进方案、意见和落实跟踪制度,导致评价结果差异度不大。此外,评价组织和管理宣传执行不够到位,产业学院建设初期的关注度最高,而实施过程中的参与度与关注度则相对较低。

二、高职院校产业学院的实然样态

本研究选取东中西部地区 5 省 26 所高职院校产业学院作为调研目标,调研方式以实地调研、访谈座谈、案例研究为主,实地调研时间跨度主要为 2023 年至 2024 年,调研对象主要包括产业学院校方(副)院长、产业学院企业方(副)院长、产教融合校企合作院校职能部门负责人、二级学院负责人、企业负责人等产业学院建设相关人员(表 5-2)①。

表 5-2　高职院校产业院校实地调研时间表

序号	调研时间	调研省份院校	调研对象
1	2023 年 2 月、3 月、5 月	B1	产业学院企业方院长
2	2023 年 2 月、5 月	E1	产业学院企业方院长

---

① 备注:根据东中西部地区 5 省 26 所学校人员调研时间顺序分组,5 省分别以 A、B、C、D、E 字母标注,每个省的调研对象分别用 1、2、3、4、5 数字标注,其中,E 省共有 6 位受访者,则增加数字 6。例如,C3 表示 C 省的第 3 位调研对象,以此类推。

续表

序号	调研时间	调研省份院校	调研对象
3	2023 年 3 月	A1	产业学院学校方院长
4	2023 年 3 月	A2	产业学院学校方院长
5	2023 年 3 月	A3	校企合作处处长
6	2023 年 3 月	E2	企业负责人
7	2023 年 4 月	D1	二级学院院长
8	2023 年 4 月	D2	产教融合处处长
9	2023 年 4 月	D3	产业学院学校方副院长
10	2023 年 4 月	D4	教务处副处长
11	2023 年 4 月	D5	产业学院学校方院长
12	2023 年 9 月	C1	二级学院院长
13	2023 年 9 月	C2	产业学院企业方院长
14	2023 年 10 月	B2	产业学院学校方院长
15	2023 年 10 月	B3	产业学院学校方副院长
16	2023 年 10 月	A4	产业学院负责人
17	2023 年 10 月	A5	产业学院学校方院长
18	2023 年 11 月、2024 年 10 月	E3	产业学院、二级学院院长
19	2023 年 11 月	E4	产业学院负责人
20	2023 年 11 月	C3	产业学院学校方副院长
21	2023 年 12 月	C4	产业学院学校方院长
22	2023 年 12 月	C5	产业学院学校方院长
23	2023 年 12 月	B4	副校长、科技处处长
24	2023 年 12 月	B5	产教融合处处长
25	2023 年 12 月、2024 年 5 月	E5	产业学院学校方院长
26	2023 年 12 月、2024 年 11 月	E6	副校长、产业学院院长

调研内容主要围绕产业学院基础保障、运行机制、职能彰显、产出效益评价
4 个维度（表 5-3），展开深入分析，从实然样态来看高职院校产业学院"实为何

样"中的现状及问题。

表 5-3　主要调研内容

一级维度	二级	核心监测点
基础保障	1. 建设基础 2. 政策供给 3. 持续投入	1. 学校内产业学院建设数量及建设周期 2. 基于学院现有优势专业,对接区域重点或紧缺产业,并参照区域特色或新兴产业的发展情况来设置专业 3. 国/省/市/校层级下的项目保障、政策保障、制度保障情况 4. 国/省/市/校层级下的资金保障、投入管理情况
运行机制	1. 组织架构 2. 运行机制 3. 流程管理	1. 具备独立法人资格或现有架构依附于学校行政管理机构的情况 2. 院长负责制、理事会设立、履行理事会领导下的院长负责制、校企院长管理职责情况 3. 院校层面出台《产业学院建设与管理办法》、产业学院章程、管理制度保障办法等 4. 多主体责权利边界、经济效益分配情况
职能彰显	1. 回应院校诉求 2. 回应企业诉求 3. 回应社会诉求	关于提升人才培养质量、专业(群)建设质量、课程建设水平、师资队伍共建、产学研用、降低生产经营成本和获取经济利益、促进地方产业升级、扶持地方企业发展、促进人才对口就业等方面的院校/企业/地方政府/普通大众诉求的优先级情况
产出效益评价	1. 评价制度 2. 评价主体 3. 评价内容	1. 设立评价组织、评价标准、评估方式、评价结果运用、整改机制等方面的情况 2. 地方政府、教育行政部门、财政部门、行政机构、行业协会、企业、职业院校、第三方机构等主体参与评价情况 3. 学校发展、二级学院发展、专业发展、品牌效益、学生获得、企业效益、社会认可、宣传影响等方面评价内容的优先级情况

针对基础保障、运行机制、职能彰显、产出效益评价 4 个维度,接受调研的 26 所高职院校产业学院对照区域产业经济发展布局,对应一、二、三次产业,采

用"校—企""政—校—企""校—行—企"等模式,聚焦制度保障、设施建设、人员组建等方面各自施策,取得了较为丰富的经验和成果。但调研结果表明,目前高职院校产业学院主要存在以下问题。

(一)组建基础保障不够有力

产业学院建设在高职院校中得到了积极响应,接受调研的 26 所高职院校中,32.5% 的院校内建有 2 所及以上产业学院。在产业支撑方面,对照区域产业经济发展布局,产业学院类别占比前三的依次为对应二三次产业的智能制造类、电子信息类、财经商贸类,而对应一次产业的农林牧渔类产业学院占比最少。其中,占比 30.8% 的产业学院并非对接区域重点或紧缺产业,而是基于学院现有优势专业或对照区域特色或新兴产业发展设置的,产业学院与区域产业集群之间存在较为良好的双向供给与支撑互动关系。但在访谈过程中,也有产业学院企业方院长对目前"一哄而上"建立产业学院的行为表示了质疑。受访者(E1)谈道:"以产业之名做的学院,叫产业学院,其实多为企业学院。"另一位受访者(B3)谈道:"产业学院应该思考何为产业,再去思考是否应该建立产业学院。目前,很多的产业学院都是在以前校企合作、学徒制或是职教集团等基础上建立的,有较好的基础。但是,也有一些产业学院,例如,××教育产业学院,教育是产业还是服务行业,是否需要建立这样的产业学院,这样的产业学院是'东施效颦'还是'独树一帜'",是否有产业发展需要的土壤,这些都值得产业学院建设者思考。"

在政策供给方面,调研的 5 省中暂未发现地区出台高职院校产业学院专项或试点政策,各院校产业学院建设主要参照面向本科院校的《现代产业学院建设指南(试行)》中的建设任务及标准执行。而现有政策对其他产业学院利益相关者的政策保障仍不明朗,尤其是企业参与产业学院的税收、金融等优惠问题,产业学院实体化运营收益分配问题等,很大程度上制约了产业学院进一步走实走深。但在学校层面或二级学院层面,大多数产业学院都出台了相关政策或规章制度。受访者(A1)谈道:"高职院校产业学院在每个学院有管理章程,校级层面也在推进相关工作。科技处制定了一些考核指标,如纵向、横向专利转化等都是产业学院的考核指标。"此外,值得注意的是,61.5%的高职院校产业学院的建设底层逻辑主要源于国家或省级"现代产业学院项目"、"双高计划"建设项目、"产教融合示范项目"等。尤其是"双高计划"建设高职院校,更是为了对标院校质量评估指标而纷纷建立产业学院。由此可见,项目驱动、学校主导仍是产业学院组建的基本模式,产业其他相关方的推动力和积极性略显不足。受访者(E6)谈道:"产业学院的建设是目前很多高职院校产教融合落实的'必选项',换言之,首先得解决有无的问题。不管是'现代产业学院项目'、'双高计划'建设项目、'产教融合示范项目'都在建设形式上提到了产业学院。因此,学校将产业学院建设作为项目落实的抓手,通过产业学院建设去争取项目支持,并反过来利用项目申报为产业学院建设争取资金等保障。例如,'现代产业学院项目',哪些学校争下来,就相当于在下一轮'双高计划'里已经拿到了积分点。对于国家的项目建设,我们必须争取所有的项目,你不争的话就意味着你退步。大家都感到前有标兵、后有追兵,压力倍增。"

在持续投入方面,高职院校和企业为产业学院投入的重要两方,仅有 2 所产业学院被纳入地方产业经济支持范畴,而当地政府作为主要参与方持续投入。大部分产业学院建设初期虽然在合作协议中约定了各方的投入数额及周期,但在实地调研中笔者发现,按照协议完全履行各方持续投入的产业学院占比仅为 19.2%,持续投入保障较为松散。尤其是部分产业学院过度追求一次性投入,有23.1%的产业学院将企业的一次性硬投入设备达标作为合作的前提条件。在投入管理上,有 26.9%的产业学院未设立产业学院专项经费,其日常经费与产业学院经费采取共用或混用的方式,在设立专项经费的院校中,多主体投入资本难以准确细化到各细项以实施绩效监督。受访者(E4)谈道:"产业学院的项目立项已经有近一年的时间了,虽然产业学院的牌子已经加挂,但是由于学校的资金迟迟没有到位,当时许诺的多方投入也没有兑现。老实说,目前产业学院并没有实际运行起来,所以无法说产业学院产生了何种成效或经验。"

(二)组织运行机制不够健全

在组织架构方面,80.8%的产业学院不具备独立法人资格,现有架构基本依附于学校行政管理机构,在决策权及人财物管理自主权上明显受到行政管理约束。46.2%的产业学院采用二级学院院长负责制,34.6%的产业学院设立了理事会,履行理事会领导下的院长负责制。65.4%的产业学院院长来自院校,其余的产业学院虽然设置了行业企业方院长,但多为副职或甚至仅流于形式。企业方受访者(B1)谈道:"治理结构政、行、企、校代表齐整并非标准配置。不管是董事会,还是理事会,董事要真'懂事',理事要'理事'。重要的是要有一个真正有效的治理机构,其中要有真正的例行的议事规则、高效的决策机制及可靠的执行机构。治理团队在人事考核方面有较高权重,甚至有解聘的权利。"在组织机构管理机制上,产业学院仍主要依托院校管理,多方共建共管实质性落实不足。

在运行机制方面,院校层面出台《产业学院建设与管理办法》的占比为26.9%,内容制式主要依据《现代产业学院建设指南(试行)》,且主要集中在近3年。38.5%的产业学院出台了产业学院章程,尝试在规章制度层面规范执行、管理等程序,但大部分产业学院仍存在运行机制保障缺位的问题。企业方受访者(B1)谈道:"组织形态不管是'以群建院',还是'以院建群',都应该有明确的组织运行机制。一些学校宣称为人才培养搭建平台或着力'共同''对接',与行业(产业)需求的'无缝对接'和打通'最后一公里'。"学校方受访者(B2)谈道:"我们院校每一个二级学院就是一个产业学院,机制的变化让原本错位的二级学院和产业学院变成了一体,首先在机制上理顺了'群'和'院'之间的关系,才能去谈如何更好服务产业或产业链。"诚然,无论是"以群建院",还是"以院建群",都需要建立明确的运行机制保障和责权利边界。受访者(C1)谈道:"产业学院的难题或者困局在于建设机制问题,而不是模式问题,机制是解决利益相关者的利益问题,核心是产学研结构问题,大量的理论研究者都认为产教融合是生命线,产业学院是产教融合的载体、焦点等,但例如产权结构等问题没法说清楚,就很难解决实质性的问题。"受访者(A3)谈道:"当前产业学院从职业院校的探索很多,但难点在双方合作机制无法做独立法人的背景下,如何建立或搭建机制? 双方不是没有意愿,而是没法做。"另一位受访者(B4)谈道:"如果只说校企合作,还不能说是产业学院模式,很难培养技术型、创新型人才,面对功能多样化、治理体系现代化的重要内涵,重点是产业学院本身的内涵和建设机制的内涵是什么?"尤其值得警惕的是,访谈中多位管理层人员(B5、C2、D1)谈道:"虽然自己所在院校组建了多所产业学院,也出台了系列规章制度,但多是'照猫画虎',产业学院多处于'有名无实'状态。"

在流程管理方面,由于产业学院具有多主体管理性质,因此理应充分发挥多方履职职能,同时保障各方责权利。但基于调研结果,笔者发现,在以"一校一企"为主要合作模式的产业学院中,企业在责权利方面的保障仍存在着传统校企合作中所固有的问题。尽管部分产业学院有地方政府、行业协会等主体的参与,但各方的责权利依旧不明朗。被调研院校中仅有19.2%的产业学院实现了真实产出并产生了经济效益,其中关于经济效益分配的问题,相关院校均采取了"摸着石头过河"的探索策略,以尽力降低试错风险。学校方受访者(E5)谈道:"产业学院需要政府参与,不然没有办法在机制上突破。但实际情况是,产业学院常常仅是校企双方共建的学院,政府、行业参与度十分有限。"尤其是产业学院院长这一直接管理主体,应该如何选聘一名优秀的管理者,也是流程管理中的重要环节。受访者(B1)谈道:"真正优秀或合格的行业(产业)学院负责人和教师应该是说起自己的学生两眼放光,说起自己的专业如数家珍,说起自己的行业了如指掌,说起专业对接的企业就像说自家的事,说起专业所处行业的发展趋势八九不离十,说起对接区域行业产业的发展规划条分缕析……他们的身上散发着典型的行业(产业)气质,举手投足间充溢着对行业(产业)的责任和热忱。与之共同学习的学生,因'亲其师、信其道'而对行业(产业)产生了浓厚的兴趣,建立了职业认同感,渴望成为行业(产业)的从业者,立志为行业(产业)的健康发展贡献力量。这样的行业(产业)学院负责人,在行业(产业)内的企业中拥有一定的影响力,经常被(真实地)邀请参加行业活动,并因对行业(产业)发展有着自己独立的见解而受人尊重。"

(三)基本职能彰显不够充分

产业学院作为多方协同育人的网络节点,其建设内容理应着力回应院校、企业、社会等相关多主体的诉求。在回应院校诉求方面,96.2%的院校将提升人才培养质量作为首选项,希望充分发挥产业学院在协同多主体上的育人属性;92.3%的院校将提升专业(群)建设质量作为重要诉求,以此优化专业(群)设置及改善实习实训教学条件;84.6%和80.8%的院校分别将课程建设和师资队伍共建共享列入诉求项,以期通过多主体参与来丰富课程内容和师资资源,使教育教学紧贴产业方需求;仅23.1%的高职院校关注产学研用。访谈中一位产业学院校方副院长(C3)谈道:"产学研用对于高职院校来讲可谓'锦上添花'。尤其是头部企业很难将项目孵化、成果转化等放在高职院校进行,更倾向于选择'985''211'等研究型大学开展产学研合作。高职院校参与有限的主要原因是其生产性转化能力较弱。"

在回应企业诉求方面,92.3%的企业核心诉求是参与提升人才培养质量,储备所需的专业人才;73.1%的企业对于深度利用高职院校平台及师资优势,提升产学研用水平有所期待;26.9%、19.2%和7.7%的企业对师资队伍、专业(群)建设和课程建设存在相应的诉求。访谈中一家企业负责人表示,企业在关注人才培养质量的同时,更关注能否降低生产经营成本和获取经济利益,但是鲜少听说产业学院会将企业的资金回报率作为评价其运营好坏的指标之一。相比之下,产业或企业导师派驻、实训设备购置等持续性或一次性投入,对于企业来讲都是看得见的成本支出。企业方受访者(B1)谈道:"从教育部面向本科院校的现代产业学院的遴选,到部分省份面向包括高职院校在内的省级重点产业学院的遴选,再到设立产教融合型实训基地、产教融合型品牌专业、产教融合型一流课程,行业(产业)学院建设的核心目标始终指向——育人! 任何不以提升企业经营绩效为目的的企业经营活动,都是耍流氓;任何不以提升人才培养质量为目的的学校教学活动,都是耍流氓! 成立行业(产业)学院,不是为了获得矩阵式融媒体的各种宣传,不是为了申报各种名目繁多的项目,不是为了申报各种奖项作为佐证、支撑材料;各级各类奖项、荣誉、头衔,理应是致力于高质量人才培养过程中自然而然的收获。或许,现实中并不是这样的。在实践中,我们确实常常因为各种客观或主观的理由,无论是自欺欺人的还是看似合理的理由,而难以实现某些目标。正因如此,在实践中,我们需要根据客观实际进行理论总结,以便更好地指导实践。尽管现实中可能存在各种困难和挑战,但我们需要通过持续的努力和改进来推动行业(产业)学院的发展。"

在回应社会诉求方面,政府决策的逻辑基点是改善民生,同时肩负着推动经济高质量发展的使命。80.8%的地方政府代表和普通大众认为,产业学院的核心属性应立足提升人才培养质量,使人才培养与就业需求紧密对接;61.5%的被调研对象表示,产业学院应具有产学研用一体化功能,成为产业链、教育链与创新链高度契合的交叠区;23.1%、15.4%和3.8%的受访对象将专业(群)建设、师资队伍和课程建设视为社会诉求的一部分。由此可见,产业学院以育人为主的核心功能定位在多主体间达成了共识,但对于行业企业、当地政府等利益相关者,其他核心诉求存在错位差异,尤其对专业(群)建设、课程建设、师资队伍建设等功能诉求不明显。一位县级地方行政官员表示,地方政府的参与是希望通过政府行政力量推动,在促进地方产业升级、扶持地方企业发展、促进人才对口就业等方面发挥作用,为合作提供制度性保障,提升多主体的合作黏度与效益。学校方受访者(C5)谈道:"何为产业? 何为产业学院? 社会为何需要产业学院? 产业学院的建立到底是满足学校的需求、企业的需求、社会的需求、学生的需求、家长的需求,还是满足成果式自娱自乐的需求?"另一位受访者(D2)甚至直接反问道:"产业学院的兴起与未来如何? 是否最后会是'昙花一现'的产物,是否会'因项目申报而生,因项目验收而终'?"这一系列问题需要我们将产业学院放置于更宏观的背景下进行深入思考。

(四)产出效益评价不够多元

在项目评价制度方面,61.5%的产业学院设定了较为清晰的年度目标,26.9%的产业学院设立了评价整改机制。调研发现,B2院校在《产业学院建设与管理办法》中设置了年度验收要求,并明确提出产业学院未通过评估验收或年度考核不合格则终止建设;E3院校在《产业学院设立与管理办法》中明确了产业学院评估组织与标准、评估方式与结果,评估实行"一院一策",根据合作协议规定的项目评估计划,年度考核评估分为"合格"和"不合格",对于评估不合格的指标,要求限期整改,整改完毕后按评估标准和流程再次组织评估。但笔者在访谈中了解到,院校自评式的评估对产业学院建设约束力十分有限,即使没有达到年度验收要求,也并未存在产业学院因此关停的情况。受访者(E2)谈道:"你就像说产业和教育深度融合一样,如何评价什么叫深度融合? 如果将深度融合解释为不只是说谁为谁服务的问题,它得是你中有我、我中有你的问题,这才是深度融合,也就是说不能单纯地说产业是需要教育的,教育也是需要产业的,这就是互相需要,就叫深度融合了吗? 这个太肤浅,也太表面化了,其实只是在字面意义上去解释深度融合,而产教深度融合应该思考如何进行深入,以及从哪些方面进行深入? 如果通过产业学院都是可以实现的,那么从这个角度来讲的话,就应该更多地从产业去讲,而不是说像以前那样,单纯地从教育的角度去讲,只关注人才培养是不够的。只有从产业和教育两端出发,建立评价制度或管理办法,才能被认为是建立了真正的产教融合评价机制。"

在项目评价主体方面,在设立了评价整改机制的26.9%的产业学院中,19.2%的高职院校切实履行了年度评价制度,但评价方式仅为校级评价或产业学院自评,且评价主体仅涉及院校一方。在依托国家或省级产业学院相关项目建设的61.5%的产业学院中,所有产业学院均按照项目申报进行了对标建设,并将参与国家或省级产业项目的阶段性评价或终期评价。评价方式主要为成效评价,考察产业学院的建设情况或是否达到预期目标,并检验建设周期实施成果的效用性。评价主体主要为教育行政部门或财政机关。受访者(E1)谈道:"创办产业学院需要一个专业的产业团队,他们懂产业发展与企业运营。这个团队需要筛选合适的企业项目并将其转换成教学项目,不然,这样的学院就是空叫'产业'学院。"还有受访者(A2)谈道:"企业,更多的是一种方向性的东西,为学校整个专业建设方向提供了一个快速的指引。同时,通过大企业来调动中小微企业,才能真正形成产业生态系统。"受访者(D3)谈道:"如果不研究学生需求,不研究企业需求,按照学校自己的方式来培养学生、评价学生,那么评价出来的学生肯定是自己喜欢的,而不是企业喜欢的。你要培养企业喜欢、企业想要的学生,就应该以企业的评价为最终的评价出口,评价合格的自然就是企业想要的人。"另一位受访者(E3)谈道:"产业学院是以企业需求为中心、以受教育者的综合能力提升为目标,旨在实现课程融合、师资融合、企业评价。关键在于实现校企之间的强耦合。现在校企合作做不好是因为企业只想卖设备,学校只想拿亮点,部分老师只想少干活多挣钱。如果企业真正想培养人,学校专心做亮点,引入企业员工进教师团队以产生鲇鱼效应,那么情况就会有很大改善。"

在项目评价内容方面,评价主体的单一化从侧面折射出评判标准存在未能有效兼顾多方利益的明显缺陷。现行指标评价内容维度重点关注学校发展,对学生获得、企业效益、社会认可等关注不足。在随机访谈中,笔者发现,对产业学院这一新兴事物的宣传度不够、社会认可度不足等问题,导致部分行政官员和社会大众并不知道产业学院为何物。在评价内容成果认定方面,学校受访者(A5)分享成功经验时谈道:"产业学院采用四维驱动产业学院考核体系,主要考核4个方面:一是人力资源供给,包括人才供给留存率;二是科技服务,如老师横向项目、博士团队进驻情况;三是社区服务,如军人培训、生活服务等;四是文化服务,如文化宣传、文化认同等。"一位学校方受访者(C4)谈道:"无论是产业学院、行业学院，还是产教融合项目，建立的初衷都应该是提升育人质量、破解产教融合难题。但是，当产业学院建立之时，各利益相关者又将很多精力投入显性、可见的成果上，例如，创新团队建设的个数、精品课程开发的门数、规划教材立项的本数等，成了从侧面评价产业学院是否有成果的指标，对课堂效果、育人成效这类隐性指标的关注变得少之又少，这可以理解为实际上背离了产业学院的建立初衷。"另一位受访者（A4）谈道："目前的评价内容过分注重学校成果的评价导向，导致部分产业学院的产出成效与二级学院存在相互交叉的情况，在成果梳理时存在多头归因的情况，甚至严重放大了产业学院的产出成效。"受访者（A4）还谈道："对产业学院的评价不仅是为了评价本身，而是应充分调动和体现产业学院的活力。具体表现在以下几个方面：一是产业学院应及时掌握产业信息并不断更新，以体现产业的活力。二是赋予产业学院自主空间，例如，排课、教学管理、教师管理等方面的自主权。三是制订绩效考核方案，例如，通过项目制、绩效制等调动人员的积极性。四是地方政府的保障力，例如，通过保障不同类型教师的待遇、省属学校拨款、企业利用个税系统抓取毕业生就业信息等途径，来优化产业学院发展的外部环境。五是引入企业团队，产业学院不应该只是二级学院的迁移，以前的二级学院就没有活力，难道加挂了一个产业学院的牌子就会突然有了活力吗？答案肯定是否定的。例如，一方面依托大型企业准确把握发展方向，通过企业年报、季度产品培训等方式把握企业及产业发展方向；另一方面依托生态企业调动对接，尤其是大企业不做但小企业可以做的项目，为学生毕业做准备，通过学校 1 对 1 对接，承包小企业项目、课程、企业实训等，必须明白的是，专业没有企业就没有意义。六是发挥行业协会功能，通过行业报告发挥对龙头企业的调动作用，并以组织企业年会等方式，最终对产业学院产生积极作用。"由此可见，评价的导向性对产业学院的建设有着极为明显的影响。

三、高职院校产业学院的应然样态

在深入分析高职院校产业学院典型案例和实证研究的基础上，笔者认识到产业学院建设应然本质，即应走出"概念丛林"，回答产业学院"应为何样"的根本性问题。高职院校产业学院作为我国产教深度融合实践下的实体嵌入性产物，其定义有多种：办学机构说将产业学院定义为"校企联合创办的职业教育机构"①；实体组织说将其定义为"通过资源共享联合共建的一种实体组织"②；平台说描述其为"实体化的教育平台"③；二级学院说将其定位为"在院校下设置的与专业二级学院地位一致的新型二级学院"④。无论哪种定义，高职院校产业学院都应是集契合产业发展、实体独立运作、综合功能凸显、多方共建共享等内涵特征于一体的新型办学实体。

（一）扎根于联动保障的组建基础

组建基础是产业学院建设的外部保障。产业学院建设的主要目的是解决社会经济发展过程中产业端和教育端之间的人才"断层"问题与人才培养目标和产业人才需求不对称问题。⑤ 产业学院的建设离不开由区域产业、政策、投入等多要素构成的发展土壤。

产业支撑度是产业学院特色化办学的前提。"产业"二字不仅体现了高职

① 吴显嵘.基于产教融合的高职产业学院建设机理及路径研究[J].中国职业技术教育,2018(29):5-11.
② 许文静.整体性视域下产业学院内部结构的治理逻辑研究[J].中国职业技术教育,2018(29):12-16.
③ 卢坤建,周红莉,李作为.产业学院推进产教深度融合的实践探索:以广东轻工职业技术学院为例[J].职业技术教育,2017,38(23):14-17.
④ 王云儿.产教融合背景下的"双院制"模式[J].高教发展与评估,2019,35(3):82-87,108,113.
⑤ 宋昊洋.数字经济背景下跨境电商产业学院产教融合研究[D].郑州:郑州航空工业管理学院,2023:12-13.

院校产业学院服务区域产业集群发展的目标定位和职责使命,更体现了产业学院的建设所依托的外部产业环境。《现代产业学院建设指南(试行)》中明确将"以区域产业发展急需为牵引,面向行业特色鲜明、与产业联系紧密"作为现代产业学院建设的前提条件。不难看出,产业学院的顶层设计、发展目标、建设举措等建设蓝图的规划,都应该建立在区域重点及特色产业发展需求的精准匹配及对接基础之上。

政策供给度是保障力。高职院校产业学院作为一个新兴的发展产物,其建设更是一项系统性工程,因此更加需要国家与地方在法律和政策制度层面给予保障。一方面,充分释放的政策红利可以为产业学院,尤其是各利益相关者,创设一个规范而独具吸引力的外部环境,明晰多方主体的责权利边界,从而真正保障参与方的权益;另一方面,这也为产业学院自身的建设和运营提供了良好而有序的管理和运行机制参考,使不同地域、不同类别、不同发展阶段的产业学院在制度框架内实现规范化、特色化发展。

持续投入度是黏合剂。教育体制的核心主要包括举办主体、投入机制和产权制度。当前,政府仍是职业教育的主要举办主体和投入主体,社会力量参与职业教育办学的活力还未充分释放。[①] 然而,从组织属性来看,产业学院具有较强的市场属性,更需要面向产业及市场需求办学。政府、行业、企业、产业园区等都应鼓励成为产业学院的举办主体。[②] 充分发挥多主体在土地、人力、资金、设施设备等要素投入方面的差异化优势,确保产业学院建设和发展的可持续性。

(二)厚植于要素完备的组织运行

组织运行机制是产业学院运转的内部遵循。高职院校产业学院是政府、行

---

① 卢广巨,余莎,胡志敏.利益分析视角下产业学院的发展逻辑与治理策略[J].职业技术教育,2021,42(7):49-53.
② 黄彬,姚宇华.新工科现代产业学院:逻辑与路径[J].高等工程教育研究,2019(6):37-43.

业、企业、学校、园区等多个相互独立而又紧密联系的子系统协同整合组建的新有机体。从组织理论视角来看,高职院校产业学院不仅是组织,而且是正式组织。从现代组织理论的角度来看,管理运行机制是组织形成的核心要素,高职院校产业学院应在充分考虑多方主体管理模式差异的基础上,形成良好的管理和运行机制。①

组织架构是基石。组织架构是组织流程运转、机构设置及职能规划等最基本的结构依据,是组织运行的顶层设计,直接决定了高职院校产业学院的运行模式和样态。② 高职院校产业学院的理想组织运行机制中,应建立具有独立决策权的组织架构和高效的执行机构,并明确在党委领导下,实行产业学院理事会领导下的院长负责制,以明晰组织机构性质。

运行机制是关键。运行机制具有稳定性、可靠性、长久性的特点,能够刚性约束各参与主体在建设发展中的行为,保障高职院校产业学院有序、稳定运行。理想化的产业学院运行机制应在章程统领下,通过多主体协同参与的机制建构,形成完备的跨部门、跨层级的执行、沟通、管理、协调机制,有利于推动资源在整个系统内部子系统间的跨界互动和自由共享。③

评价机制是动力。评价机制通常是指对个人或组织的表现进行评估、判断和决策的方式和方法,衡量预期目标与实际目标间的实现程度或偏离程度,从而对决策和管理的行为过程进行评价的结构和制度。④ 高职院校产业学院评价机制建立的根本目的,应是为不同类型属性、不同建设周期的产业学院提供适用于自评与互评、过程性评价与结果性评价、动态评价与静态评价的"体检表",以验证项目实施的实效性,并成为提高效能的重要测评工具。

① 聂梓欣,石伟平.高职产业学院建构的组织战略分析:理念、模式与路径[J].教育与职业,2021(15):41-47.
② 邢晖,曹润平,戴启培.高职院校产业学院现状调研与思考建议[J].国家教育行政学院学报,2022(9):20-29.
③ 周继良.现代产业学院的组织属性与制度创新[J].内蒙古社会科学,2021,42(3):197-204,213.
④ 李明.政府激励产教融合型企业的政策评价研究:以河南省S市产业学院合作企业为例[D].南宁:广西民族大学,2021.

权责明确是保障。高职院校产业学院是资源权责共享的跨界共同体。从利益相关者的角度来看,高职院校产业学院投资主体更为多样,产权更为复杂,产权结构和经营方式更为多元,因此需要明晰的产权制度,以明确各主体所拥有的权利和义务,同时保障国有资产的安全和各主体的合法利益。[①] 由此可见,责权利明晰是高职院校产业学院自身健康发展的重要前提,也是多主体合作可持续性的根本保障。

(三)服务于产教共需的职能定位

彰显基本职能是产业学院设立的核心价值。高职院校产业学院的职能定位,不仅体现了高校在人才培养、科学研究、社会服务、文化传承创新和国际交流合作的五大职能,也贴合了现代产业学院建设所明确的七大任务方向,包括人才培养模式、专业建设质量、校企合作课程、实习实训基地、高水平教师队伍、产学研服务平台、管理体制机制。同时,它还应充分展现高职院校产业学院在人才培养质量、社会资源优化配置中的重要作用,兼顾政府、行业、企业、学校、园区等多主体的利益诉求。[②]

人才培养质量是关键。高职院校产业学院的多重价值属性,决定了其具有增强教育的适应性、激发产教融合内生动力、促进办学体制机制创新等建设价值。[③] 虽然高职院校产业学院具有服务区域产业经济发展等社会性职能,但人才培养应具有不可替代的核心价值,是高职院校产业学院的本体职能。[④] 高职院校产业学院的建设应充分利用多方的优势资源,搭建"育人—实习—就业"一

① 聂梓欣.高职产业学院内部治理结构与模式研究[D].上海:华东师范大学,2022:25-26.
② 李秀琴,汪霞.江苏省产学研合作的现状、问题与对策思考:基于对江苏省 5 个企业与高校合作情况的调研[J].全球教育展望,2010,39(5):58-63.
③ 陈俊鹏,朱华兵.基于混合所有制改革的高职产业学院建设:价值、问题及出路[J].中国职业技术教育,2021(25):28-34.
④ 聂梓欣,石伟平.高职产业学院建构的组织战略分析:理念、模式与路径[J].教育与职业,2021(15):41-47.

体化培养合作平台,实现人才培养与产业需求融合、课程内容与职业标准衔接、教学过程与生产过程对接,最终达到预定的人才培养目标。

专业(群)建设质量是核心。高职院校产业学院的建设,核心载体在于专业(群)建设。高职院校产业学院应根据战略性新兴产业发展趋势,建设产业急需紧缺专业;围绕区域重点产业布局和发展领域,深化专业建设内涵,着力将传统专业建设成为新型技术型专业;依照行业和产业链最新发展,合力打造优势特色专业和专业集群。高职院校产业学院应依托产业办专业(群)、办好专业(群)促产业,实现"专业—产业—职业"之间的结构性匹配。

课程教材共建是抓手。高职院校产业学院建设的主要任务是"双元"课程、教材的开发。高职院校产业学院应引导行业、企业深度参与课程建设和教材编制,设计课程体系,优化课程结构,加快课程教学内容迭代,推动课程内容与行业标准、生产流程、项目开发等产业需求对接,建设一批高质量校企合作课程和教材。高职院校产业学院应以行业、企业技术革新项目为依托,紧密结合产业实际创新教学内容、方法、手段,把真实项目作为教材开发、课程设计的选题来源,有效提高学生对产业的认知程度和解决复杂问题的能力。

师资队伍共培是着力点。高职院校产业学院的建设,有效路径在于打造一支稳定的、具有较强的教学理论功底与实践能力的"双师双能型"专兼职教师领军团队。高职院校产业学院应建立校企人才双向流动机制和教师激励机制,以灵活的人事制度,吸引选聘行业企业高技术技能人才和高水平管理人才到产业学院任教,通过选派学校优秀教师进入企业进行脱产实践,真正实现教师专业知识同企业实践的无缝对接。

产学研用转化是动能。高职院校产业学院的建设,核心价值在于产出一批科技创新成果,提升产业、企业创新发展竞争力。高职院校产业学院应强化多主体联合开展技术攻关、产品研发、成果转化、项目孵化等工作,共同承担科研项目,共享研究成果;共同推动科教融合,将研究成果及时引入教学过程,促进科研与人才培养积极互动,发挥产学研合作示范影响,提升服务产业能力;共同开发创新创业项目,邀请行业、企业参与学校创新创业基地建设、创新创业项目研发与推广、学生创新创业指导等工作;共同打造社会服务平台,推进科研成果不断向现实生产力转化,将科学研究优势转化为服务社会优势。

(四)着眼于多方共享的建设成效

产出效益评价是产业学院建设成效的检验方式。高职院校产业学院建设的底层逻辑是共建、共享、共赢,其中,共建是前期投入的体现,共享、共赢是建设产出的表征。从多元主体合作的正和博弈理论来看,高职院校产业学院的建设成效应兼具教育属性、市场属性和社会属性。

凸显学生获得。高职院校产业学院的建设必须以立德树人为根本,将学生培养和造就为符合行业发展需要的高素质技术技能型人才。高职院校产业学院应坚持育人为本,以提高人才培养能力为核心,推动学校人才培养供给侧与产业需求侧紧密对接,实现学生"实习—毕业—就业"间有机衔接。

注重企业效益。高职院校产业学院建设必须选准具体服务的产业链、创新链,精确分析专业与产业链、创新链的对应关系,明确服务定位和发展方向,紧密对接龙头企业、生态企业用人需求和生产需求。高职院校产业学院应坚持产教同频,着力打造集产、学、研、用于一体,互补、互利、互动、多赢的实体性教育创新平台,将企业项目营收、合作项目孵化、技术难题突破等纳入评价要素中。

聚力学校发展。学校是产业学院建设的重要支持方和投入方,也是主要受益方之一。高职院校产业学院应坚持创新发展,充分发挥学校与政、行、企等多方办学主体作用,实现学校与产业、企业之间信息、人才、技术与物质资源共享,通过资源整合和有效利用,在专业建设、人才培养、课程建设、师资建设、实训建设等方面实现跨越式发展,全方位提升办学内涵质量,增强学校办学特色。

关注社会认可。面向产业、植根产业、服务产业是产业学院的基本特征。高职院校产业学院的价值职能之一在于围绕产业和产业链布局专业、设置课程、培养人才,并根据产业发展动态调整建设布局,进而反哺区域产业经济发展。高职院校产业学院应坚持产业为要,增强服务区域产业经济发展的支撑作用,以社会满意度和产业学院影响力为深耕的基础,助推地方产业升级发展、促进人才高水平就业。

综上所述,笔者构建了一个扎根于联动保障的组建基础、依托于要素完备的组织运行、服务于产教共需的职能定位、着眼于多方共享的建设成效的高职院校产业学院的应然范式分析框架(图5-28)。

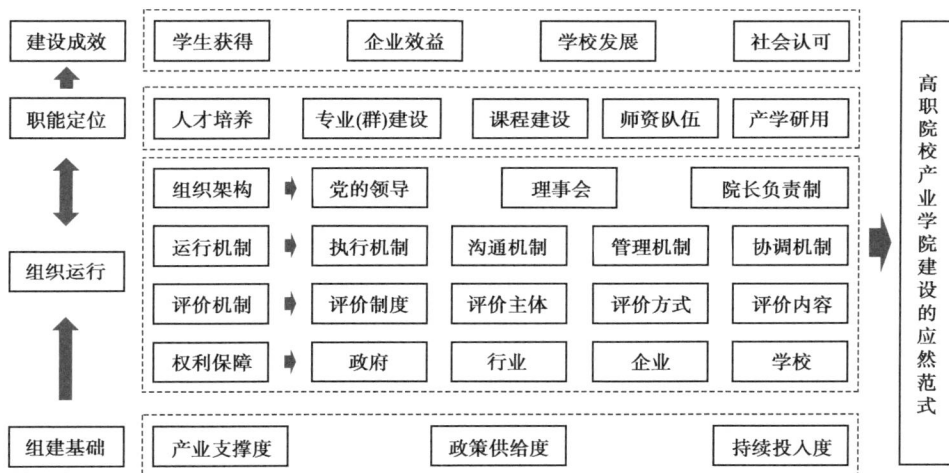

图 5-28　高职院校产业学院的应然范式分析框架

第六章

高职院校产业学院绩效评价的模型与方法

指标体系的规范化是评价的核心内容。对评价指标体系进行科学合理的设置和界定,使其更具有可操作性,其目的是保证评价标准和评价结果的有效性。绩效评价主要是对实施成果与绩效目标进行比较,以判断目标是否合理、是否完成。因此,在某种程度上,目标的确定又成为构建整个指标体系的关键。[①] 高职院校产业学院作为产教融合的重要载体,其绩效评价具有多主体协同、多维度交织的显著特征。传统的"投入—产出"评价模式虽然易于操作,但难以全面反映产业学院在人才培养、技术创新、社会服务等方面的综合成效。[②] 本章在深入分析政策文献、实地调研及多轮专家征询的基础上,充分结合高职院校产业学院的类型特点,综合运用改良导向评价模型、层次分析法和模糊综合评价法,构建了一套多维度、可操作、可衡量的高职院校产业学院绩效评价体系。

一、高职院校产业学院绩效评价模型选取

(一)改良导向评价模型选取

改良导向评价模型(CIPP 评价模型)由美国著名教育评价专家 L. D. 斯塔弗尔比姆提出。该评价模型由背景评价(context evaluation)、输入评价(input evaluation)、过程评价(process evaluation)与结果评价(product evaluation)4 个核心维度构成,涵盖了被评价对象从初始规划到最终成效的全过程、各环节及关键要素,具有系统性、发展性和改进性的显著特征。其核心理念在于"评价最重要的目的不在证明,而在改进"[③],强调评价应服务于教育决策的优化,通过为评

① 环境保护部环境保护对外合作中心环境金融咨询服务中心.绩效评价国际经验与实践研究[M].北京:中国环境出版社,2014:91.
② 李龑,张延昕,屈璐.高职院校产业学院绩效评价:评价模型、指标体系及应用检验[J].职教论坛,2025,41(3):103-111.
③ 胡晓晖,韩芳,董大奎.基于 CIPP 模式的高职专业教学质量评价指标体系构建研究[J].中国职业技术教育,2015,(3):27-31.

价者和被评价者提供有价值的信息,促进教育活动持续改进。相较于传统的单一结果导向评价模式,改良导向评价模型整合了诊断性评价、形成性评价与终结性评价的优势,能够全面反映教育项目的规划、实施与成效,因而在管理领域得到了广泛应用。[①] 改良导向评价模型如图6-1所示。

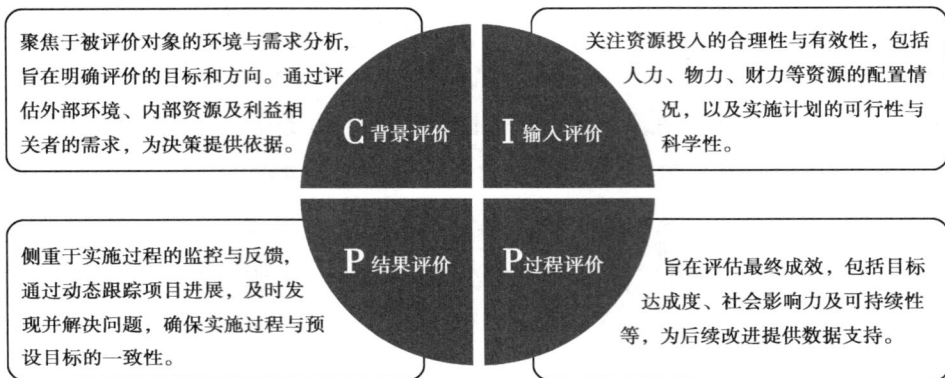

图6-1 改良导向评价模型

(二)层次分析法选取

层次分析法(analytic hierarchy process,AHP),是由美国运筹学家、匹兹堡大学杰出教授托马斯·萨蒂(Thomas Saaty)于20世纪70年代提出的一种系统化、层次化指标权重分析方法。该方法的核心思想是通过将复杂问题分解为多个相互关联的要素,并按照其属性、功能和相互关系构建层次结构模型。通过逐层分析各要素对总体目标的贡献度,层次分析法能够将定性问题转化为定量数据,从而实现对多维度、多目标决策问题的科学评价。作为一种简便、灵活且实用的决策工具,层次分析法尤其适用于那些具有分层交错评价指标且目标值难以定量描述的决策问题。[②]

---

① 肖远军.CIPP 教育评价模式探析[J].教育科学,2003,19(3):42-45.
② 许树柏.实用决策方法:层次分析法原理[M].天津:天津大学出版社,1988:6-22.

（三）模糊综合评价法选取

模糊综合评价法（fuzzy comprehensive evaluation，FCE），是由美国自动控制专家查德（Zadeh）于 1965 年在《模糊集合论》（*Fuzzy Sets*）中首次提出的一种多因素决策方法。该方法基于模糊数学的隶属度理论，通过将定性问题转化为定量数据，再通过综合评判得出定性结论，遵循"定性→定量→定性"的步骤，对受到多种因素影响且难以量化的事物或对象进行综合评价。[①] 其核心优势在于能够有效处理评价过程中"问题结构的复杂性、多因素性、不确定性、信息的不充分性以及人类思维的复杂性、模糊性"等矛盾。通过引入隶属度函数，该方法能够将模糊的、主观的评价信息转化为可量化的数据，从而提升评价结果的客观性和科学性。[②] 然而，该方法的准确性和可靠性在很大程度上取决于评价指标的选择与指标权重的分配。由于权重分配的主观性较强，单独使用模糊综合评价法可能出现评价结果的偏差。因此，在实际应用中，通常与层次分析法结合使用，以弥补其在权重分配方面的不足。

（四）CIPP-AHP-FCE 绩效评价模型与高职院校产业学院绩效评价的适用性分析

首先，高职院校产业学院正处于重要的建设发展探索期，其绩效评价需要以系统为导向、以改进为目标，为产业学院的发展提供科学依据和优化建议。传统的"投入—产出"或"过程—产出"评价模式往往过于单一，难以全面反映产业学院在区域经济发展、校企合作、人才培养等方面的综合成效。因此，高职院校产业学院的绩效评价需要在传统模式的基础上，纳入建设背景的考量，充分体现"以区域产业发展需求为牵引，面向行业特色鲜明、与产业紧密联系"的建设前提条件。这种评价模式应涵盖产业学院建设的背景、投入、运行与产出

---

① 何俊萍. 基于 IPO 模型的高职院校产教融合绩效评价研究［D］. 广州：广东技术师范大学，2021.
② 吴秉坚. 模糊数学及其经济分析［M］. 北京：中国标准出版社，1994：91-97.

的全过程,体现全过程性评价的特点。基于此,改良导向评价模型成为高职院校产业学院绩效评价的理想选择。

其次,高职院校产业学院作为一种新型办学实体,具有契合产业发展、实体独立运作、综合功能凸显、多方共建共享等显著特征。根据系统评价理论,其绩效评价指标体系的构建与权重确认中应体现目标一致性、层次性、相关性、开放性与动态性等特征,同时需综合考虑产业学院的组建基础、组织运行、职能定位和建设成效等多方面因素。[①] 由于高职院校产业学院建设发展绩效受到多维度、多因素的复杂影响,因此不同产业、不同建设周期的产业学院在资金投入、政策支撑等指标上可能存在显著差异。此外,财务指标与非财务指标、定性指标与定量指标的混合使用,也增加了评价的复杂性。因此,将不确定性和模糊性因素纳入评价体系,能够有效减少专家评价中因个人性格、偏好、经验和技术水平等因素带来的偏差[②],使绩效评价结果更加贴近实际情况。基于此,高职院校产业学院绩效评价在选择评价方法时宜采用模糊综合评价法。

最后,模糊综合评价法的准确性和可靠性在很大程度上依赖于指标权重的科学分配。鉴于高职院校产业学院绩效评价的多层次性和复杂性,各层次指标间的关系错综复杂,单纯依赖专家经验进行权重分配可能导致主观偏差。层次分析法通过构建层次结构模型和一致性检验,能够将复杂的权重排序问题转化为逐层的单层次排序,从而减少主观判断的误差,提升评价结果的客观性和可信度。层次分析法与模糊综合评价法的结合,不仅能够弥补模糊综合评价法在权重分配方面的不足,还能增强评价过程的科学性和透明度。综合而言,高职院校产业学院绩效评价在指标权重赋值时宜采用层次分析法。

综上所述,高职院校产业学院的绩效评价需要以科学的评价指标体系设计

---

① 屈璐,王官燕. 我国高职院校产业学院的应然范式、实然样态与使然路径[J]. 教育与职业,2024(7):64-71.

② 韩利,梅强,陆玉梅,等. AHP-模糊综合评价方法的分析与研究[J]. 中国安全科学学报,2004,14(7):86-89.

和恰当的评价方法选择为核心。基于系统评价理论对于评价指标、指标权重和评价方法均应按照系统最优的原则进行运作的要求,CIPP-AHP-FCE绩效评价模型能够有效契合高职院校产业学院绩效评价的需求,展现出科学、严谨的综合运用优势:一是评价目标明确,以改进为目标,能够为产业学院的建设发展提供决策建议;二是评价内容全面,能够覆盖产业学院建设的全过程,整合诊断性评价、形成性评价与终结性评价,体现评价的系统性和全面性;三是评价方法科学,通过定性评价与定量评价的结合,减少主观评判的弊端,能够提升评价结果的信度和效度。

二、基于改良导向评价模型的高职院校产业学院绩效评价体系设计

(一)高职院校产业学院绩效评价指标体系构建原则

高职院校产业学院绩效评价指标体系的构建需以背景要素、输入要素、过程要素和结果要素为核心框架,建立符合其建设发展绩效特点的评价体系,确保评价结果的科学性、全面性和实用性。为实现这一目标,指标体系的构建需遵循以下核心原则。

1.科学性原则

高职院校产业学院绩效评价指标体系的构建应基于科学的理论基础和系统的研究方法,充分反映产业学院建设发展绩效的内涵与特征。具体而言,科学性原则要求指标设计结合教育评价理论、产教融合理论及区域经济发展理论,确保评价体系的学术严谨性。同时,指标应能够反映产业学院在人才培养、技术创新、社会服务等方面的实际成效,避免脱离实际的理想化设计。

2.系统性原则

高职院校产业学院绩效评价指标体系应具备全面性和系统性,能够涵盖产

业学院发展的各个方面,既包括内部管理、资源投入和产出成效,也涉及外部环境因素,如政策支持、社会效益等。系统性原则的具体要求涵盖背景评价、输入评价、过程评价和结果评价 4 个维度,形成完整的评价链条。同时,指标体系应具有清晰的层次结构,从宏观到微观逐层细化,确保评价内容的逻辑性和可操作性。

3. 适应性原则

高职院校产业学院的发展可能具有显著的地区差异、产业差异和阶段差异,因此,绩效评价指标体系须具备高度的适应性,应充分考虑不同地区的经济发展水平和产业基础差异、不同产业类型的特色和不同发展阶段的重点差异,能够在统一规范的基础上应对不同产业学院的特点和需求,确保评价结果的科学性和公平性。

4. 可操作性原则

高职院校产业学院绩效评价指标体系的构建需遵循可操作性原则,确保指标设计易于理解、数据易于获取、评价方法易于执行。可操作性原则要求选取的指标需概念清晰、定义明确,确保被调查人员能够准确理解并填报数据。同时,优先选择具有明确统计口径和可靠数据来源的指标,避免因数据缺失导致评价失效。

(二)高职院校产业学院绩效评价指标体系初构

本研究在综合分析教育部办公厅、工业和信息化部办公厅印发的《现代产业学院建设指南(试行)》,教育部、财政部印发的《中国特色高水平高职学校和专业建设计划绩效管理暂行办法》,教育部办公厅印发的《教育部办公厅关于加强市域产教联合体建设的通知》《行业产教融合共同体建设指南》等政策文件关于产业学院建设方向及内容基础上,结合收集的 56 所国家"双高计划"高职院校产业学院申报书内容及文献资料,综合东中西部地区 5 省市 26 所高职院校产业学院的实地调研走访情况,梳理出当前高职院校产业学院实然样态。按照中共中央、国务院印发的《深化新时代教育评价改革总体方案》的总体要求,聚焦高职属性,结合高等职业院校"高等+职业属性",充分考虑学校的"教育逻辑"与企业的"经济逻辑"背景,笔者基于 CIPP 改良导向评价模型构建高职院校产业学院绩效评价体系,初步搭建了环境、投入、运行与产出 4 个一级指标,办学背景、建设规划、资金保障、持续性投入等共 11 个二级指标,以及学校定位与地方经济契合度、产业学院定位与产业吻合度、地方政府政策协同性等共 37 个三级指标。

1. 环境评价

环境评价主要针对高职学校开展产业学院建设的外部政策环境进行评价,从区域经济环境、产业发展、政策导向等方面来评估产业学院建设的现实实力和可能潜力,并通过诊断性评价判定该产业学院建设是否符合区域经济发展及其建设预期是否具有科学性。具体包括:办学背景 1 个二级指标,学校定位与地方经济契合度、产业学院定位与产业吻合度、地方政府政策协同性共 3 个三级指标(表 6-1)。

表 6-1 环境评价初构指标

指标		
一级指标	二级指标	三级指标
环境	办学背景	学校定位与地方经济契合度
		产业学院定位与产业吻合度
		地方政府政策协同性

指标描述内容如下:

(1)学校定位与地方经济契合度:反映产业学院建设是否符合地方经济发展需求、决策部署,是否符合区域经济发展方向。

(2)产业学院定位与产业吻合度:反映产业学院选择的产业方向是否符合

国家、省委、省政府重大决策部署,是否符合区域产业发展方向。

(3)地方政府政策协同性:反映产业学院的办学环境情况,以及产业学院建设是否得到地方政策支持。

2. 投入评价

投入评价主要针对实现产业学院建设所需的建设规划、组织保障、制度设置、人财物力等方面进行评价。评价主要考虑产业学院建设所需的各项资源是否具备、基本场所是否满足、组织运营是否得到保障等,以确保产业学院建设的可行性。具体包括:建设规划、资金保障、持续性投入共 3 个二级指标,参建主体吻合度、治理结构合理、制度完备、区域政府支持度、持续投入发展力、创新体制机制共 6 个三级指标(表6-2)。

表6-2　投入评价初构指标

指标		
一级指标	二级指标	三级指标
投入	建设规划	参建主体吻合度
		治理结构合理
		制度完备
	资金保障	区域政府支持度
	持续性投入	持续投入发展力
		创新体制机制

指标描述内容如下:

(1)参建主体吻合度:反映产业学院的参建主体选择是否精准,政策支持方向、实施对象是否与实际需求有效衔接、精准契合。

(2)治理结构合理:反映隶属于产业学院的各个机构配置是否合理、职责是否清晰,行政人员、科研人员、教师队伍等是否各司其职,权责分明。

(3)制度完备:校企之间建立了理事会、发展委员会等管理机构,企业与学校、专业在发展方向上达成了共识,并形成了制度性文件;相关指导意见、管理办法、申报指南、实施细则等管理制度是否完善,是否存在脱离实际、缺陷、漏洞等情况,从而导致执行偏离预期。

（4）区域政府支持度:反映当地政府对产学研合作的支持程度、支持力度。

（5）持续投入发展力:反映产业学院各方实施单位的持续发展能力。

（6）创新体制机制:反映产业学院是否坚持深化改革、创新体制机制,是否有符合学校办学定位和特色发展方向的产业学院专业建设规划和年度计划。

3. 运行评价

运行评价主要针对产业学院运营实施过程进行实时监控,从日常运营、教学组织管理、可持续性发展等方面观测其真实运营情况。这些数据是企业与学校共同运营产生的动态结果,笔者以此来评价实施过程与预期目标的达成程度。具体包括:日常运行、教学管理、可持续性发展共 3 个二级指标,资金使用合规性、执行有效性、目标完成率、预算到位率、计划招生稳定率、开课情况、兼职教师课时占比、企业主体兼职教师稳定性、专兼职比例、双师比例、资源共享率、常态化沟通机制、产教联盟影响力共 13 个三级指标(表 6-3)。

表 6-3　运行评价初构指标

指标		
一级指标	二级指标	三级指标
运行	日常运行	资金使用合规性
		执行有效性
		目标完成率
		预算到位率
	教学管理	计划招生稳定率
		开课情况
		兼职教师课时占比
		企业主体兼职教师稳定性
		专兼职比例
		双师比例

续表

指标		
一级指标	二级指标	三级指标
运行	可持续性发展	资源共享率
		常态化沟通机制
		产教联盟影响力

指标描述内容如下：

（1）资金使用合规性：反映产业学院的资金使用是否符合相关财务管理制度规定并严格执行。

（2）执行有效性：反映产业学院运转是否建有专门的管理平台；是否有确保专业建设所需的人力、财力、物力；执行是否符合相关管理制度规定。

（3）目标完成率：反映产业学院各建设阶段的完成情况，实施后是否完成预期目标。

（4）预算到位率：反映产业学院各方资金、各专项资金到账的情况。

（5）计划招生稳定率：考察产业学院办学规模的稳定性。

（6）开课情况：反映产业学院教学管理的高效性。

（7）兼职教师课时占比：以兼职教师实际完成课时量占比评判产业学院管理制度实施情况、内部管理是否顺畅、实际运行情况等。

（8）企业主体兼职教师稳定性：以企业主体兼职教师稳定性评判产业学院管理制度实施情况、内部管理是否顺畅等。

（9）专兼职比例：反映产业学院合作中教师资源的实际配置和运行情况。

（10）双师比例：反映产业学院合作中教学团队的构成和实际运行情况。

（11）资源共享率：反映产业学院是否实现了校企之间育人标准、人员、技术、实验实训设施、管理理念、管理方法、职业素养及其他资源共享。

（12）常态化沟通机制：反映校企之间是否共享发展动态信息，是否对彼此的发展现状和发展需求有全面的了解。

（13）产教联盟影响力：反映是否共同组建了专业建设（指导）委员会、职教集团、职教联盟等情况，并成功吸引同行业更多的企业、学校和政府机构加入。

4. 产出评价

产出评价主要针对评价产业学院建设的利益相关者的需求是否实现，对象主体涉及高职院校内部的学生、教师，外部的企业、社会等利益相关者，反映产业学校建设情况、人才培养效果等。具体包括：学生获得、企业获得、学校获得、综合满意度共 4 个二级指标，报到率、高薪就业率、就业对口率、创新创业占比、产业项目营收情况、产业学院孵化项目、创新成果数量、员工半年流失率、资源颗粒增长率、开发资源数、科研成果转化能力、荣誉及获奖数、社会声誉、学生满意度、社会满意度共 15 个三级指标（表 6-4）。

表 6-4　产出评价初构指标

指标		
一级指标	二级指标	三级指标
产出	学生获得	报到率
		高薪就业率
		就业对口率
		创新创业占比
	企业获得	产业项目营收情况
		产业学院孵化项目
		创新成果数量
		员工半年流失率
	学校获得	资源颗粒增长率
		开发资源数
		科研成果转化能力
		荣誉及获奖数
		社会声誉
	综合满意度	学生满意度
		社会满意度

指标描述内容如下：

（1）报到率：以首次报到率分析学生对产业学院的认可度。

（2）高薪就业率：以产业学院学生毕业后半年平均薪资水平评判产业学院的培养效果。

（3）就业对口率：反映产业学院学生的就业质量与专业匹配程度。

（4）创新创业占比：以产业学院学生在创新创业方面的占比评判产业学院服务产业发展的成效。

（5）产业项目营收情况：以产业学院运行为企业带来的营业收入评价产业学院服务地方经济的情况。

（6）产业学院孵化项目：评价校企实质合作情况。

（7）创新成果数量：依托产业学院申报的创新成果，具体包括项目获奖、申请专利、发表论文及专著，以及突破性技术的社会证明材料等。

（8）员工半年流失率：以产业学院学生在企业的就业稳定性评价产业学院的育人效果。

（9）资源颗粒增长率：反映以项目分解典型工作任务后教学素材的建设情况。

（10）开发资源数：反映产业学院校企深度融合及教学新工艺、新标准、新计划的融入情况。

（11）科研成果转化能力：反映产教研融合情况。

（12）荣誉及获奖数：以获得荣誉及获奖情况评价产业学院的人才培养效果。

（13）社会声誉：反映产业学院的影响力。

（14）学生满意度：产业学院毕业生（在校生）对产业学院教学管理的满意度。

（15）社会满意度：社会群众对产业学院教学管理的满意度。

（三）高职院校产业学院绩效评价体系修正

1.指标权重计算

层次分析法的分析过程主要包括构建层次结构模型、构造两两对比判断矩阵、层次单排序及一致性检验、层次总排序及一致性检验共4步，以明确指标权重。

（1）构建层次结构模型

基于建构的高职院校产业学院绩效评价体系及层次结构模型（表6-5）可见，其中目标层为高职院校产业学院建设绩效 A，系统层为环境 B_1、投入 B_2、运行 B_3、产出 B_4 等一级指标，要素层则为办学背景 C_1、建设规划 C_2、持续性投入 C_3、日常运行 C_4 等二级指标，指标层为区域产业契合度 D_1、地方政府政策协同性 D_2、参建主体吻合度 D_3、治理结构合理 D_4 等三级指标。[①]

表6-5　高职院校产业学院绩效评价体系及层次结构模型

目标层	系统层 一级 指标	要素层 二级 指标	指标层 三级 指标	指标描述
高职院校产业学院建设发展绩效 A	环境 B_1	办学背景 C_1	区域产业契合度 D_1	产业学院建设与区域社会经济发展需求和产业发展方向的契合度
			区域政府政策协同性 D_2	区域政府给予的产业学院建设的政策支持力度

① 注：该部分对前文提到的二级指标和三级指标进行了优化整合，整合后的二级指标为10个，三级指标为32个。

续表

目标层	系统层 一级指标	要素层 二级指标	指标层 三级指标	指标描述
高职院校产业学院建设发展绩效 A	投入 B_2	建设规划 C_2	参建主体吻合度 D_3	产业学院参建主体选择是否合理,政策支持方向、实施对象与实际需求是否有效衔接、精准吻合
			治理结构合理 D_4	产业学院是否建立理事会、发展委员会等,隶属机构配置是否结构合理、职责清晰
			制度完备 D_5	产业学院各建设主体在发展方向上达成共识,形成制度性文件;相关指导意见、管理办法、实施细则等管理制度是否完善,是否存在脱离实际、缺陷、漏洞导致执行偏离预期
		持续性投入 C_3	持续投入发展力 D_6	产业学院各参建主体持续投入的力度。对照中长期发展计划,判断产业学院是否得到专项持续发展计划;企业招工是否向产业学院毕业生倾斜,是否加大实习和就业岗位供给;学校是否开放培训机构和继续教育机构,面向产业链内企业员工开展岗前培训、继续教育等
			区域政府支持力度 D_7	区域政府对产学研合作的支持程度、支持力度,是否有产业、教育、科技资源的统筹和部门间的协调机制,推动共同建设、共同管理、共享资源
			创新体制机制 D_8	产业学院是否坚持深化改革,体制机制方面有创新。是否建立有利于产业学院发展的创新体制机制,是否有能实施的环境,是否有成果转化方案等

续表

目标层	系统层 一级 指标	要素层 二级 指标	指标层 三级 指标	指标描述
高职院校产业学院建设发展绩效 A	运行 B_3	日常运行 C_4	资金使用合规性 D_9	产业学院资金使用是否符合相关财务管理制度规定,并严格执行
			执行有效性 D_{10}	产业学院是否为实体化运行,运营各环节深化落实以企业为主体。年初制订年度发展计划,年末有总结报告。每年第一季度完成行业发展分析报告、行业人才需求预测报告、行业人才供需清单等内容
			目标完成率 D_{11}	产业学院阶段性计划完成情况,实施后是否完成预期目标。包括对照产业学院申报书或发展规划等文件,计算高水平教学团队数、精品课程数、各类产学研用平台建设数等
			预算到位率 D_{12}	产业学院各方资金、各专项资金到账的情况
		教学管理 C_5	规模管理 D_{13}	产业学院办学规模稳定性与新生认可度
			教学团队 D_{14}	产业学院专兼职教师结构合理性、稳定性,兼职教师实际教学参与度。包括企业兼职中、高级专业技术职务人员不低于高校专职教师数量、兼职教师课时占比、高校专职教师定期到企业实践锻炼情况等
			课程教学 D_{15}	产业学院教学管理的合规性与高效性,企业是否深度参与专业规划、人才培养计划、课程标准、教材开发、师资队伍建设等,以及实践教学学时是否合规

续表

目标层	系统层	要素层	指标层	指标描述
	一级指标	二级指标	三级指标	
高职院校产业学院建设发展绩效 A	运行 B_3	可持续发展 C_6	资源共享率 D_{16}	各参建主体实际投入教科研运营的资源共享情况,包括育人标准共享、人员共享、技术共享、实验实训设施共享、管理理念与方法共享等
			常态化沟通机制 D_{17}	产业学院各参建主体、区域政府各部门等之间是否进行常态化沟通,促进相互间全面了解产业学院建设发展动态与需求,并有效推动产业学院建设发展
			产教联盟影响力 D_{18}	产业学院吸引更多产业链中企业、学校、机构参与共建数量
	产出 B_4	学生获得 C_7	就业对口率 D_{19}	产业学院毕业生到参建企业就业率,以及到产业链内其他企业就业率
			高薪就业率 D_{20}	产业学院毕业生毕业半年平均薪资水平评判产业学院培养效果
			稳定就业率 D_{21}	产业学院毕业生毕业一年内跳槽情况
			创新创业占比 D_{22}	以产业学创新创业占比评判产业学院服务产业发展情况,包括学生创业人数,取得相关发表专利、实用新型专利、软件著作权等数量
		企业获得 C_8	产业项目营收情况 D_{23}	由产业学院运行为企业带来的营业收入情况评价产业学院服务地方经济情况
			产业学院孵化项目 D_{24}	评价校企实质合作情况,校企合作项目落地孵化质量与数量
			创新成果数量 D_{25}	依托产业学院申报的创新成果,具体包括项目获奖、申请专利、发表论文及专著,突破性技术的社会证明材料等
			员工半年流失率 D_{26}	产业学院毕业生入职参见企业半年流失率,学生就业稳定性评价产业学院育人效果

续表

目标层	系统层	要素层	指标层	指标描述
	一级指标	二级指标	三级指标	
高职院校产业学院建设发展绩效 A	产出 B_4	学校获得 C_9	资源颗粒增长 D_{27}	产业学院校企深度融合,教学融入新工艺、新标准、新计划情况,并以项目分解典型工作任务的教学素材建设情况。建设高水平教科研队伍、开发专业核心课程、开发实践能力项目、研制优质教学装备、系统等并推广应用等数量
			科研成果转化 D_{28}	产业学院科研成果转化率,反映产教研融合情况
			荣誉及获奖数 D_{29}	教学成果奖、教学能力大赛、教材等国际、国家、省市级荣誉与获奖数
			社会声誉 D_{30}	产业学院社会影响力,政府会议、官方媒体等对产业学院的提及与报道等
		综合满意度 C_{10}	学生满意度 D_{31}	产业学院毕业生(在校生)对产业学院教学管理满意度
			社会满意度 D_{32}	社会群众、行业企业对产业学院建设发展、学生综合素质等的满意度

(2)构造两两对比判断矩阵

邀请来自区域政府、龙头企业、产业学院负责人等 16 位专家,采用萨蒂标度法(saaty scale,表 6-6)将定性的重要度进行量化,对各指标的重要程度进行两两比较判断,构建判断矩阵。根据专家 1 的评判结果建立一级指标判断矩阵(表 6-7),其余 15 位专家的指标判断矩阵省略。应用几何平均法计算 16 位专家一级指标的综合判断矩阵(表 6-8),对应的二级指标与三级指标判断矩阵省略。

表 6-6　萨蒂标度法含义及说明

标度值	两种指标(i,j)相对重要性比较含义
1	i 与 j 同等重要
3	i 比 j 稍微重要
5	i 比 j 明显重要
7	i 比 j 强烈重要
9	i 比 j 极端重要
2,4,6,8	重要性比较介于上述标度值之间
倒数	若 i 与 j 的重要性之比为 a_{ij}，那么 j 与 i 重要性之比 $a_{ji}=1/a_{ij}$

表 6-7　专家 1 系统层（一级指标）指标判断矩阵

高职院校产业学院建设绩效				
A-B	环境 B_1	投入 B_2	运行 B_3	产出 B_4
环境 B_1	1	1/3	1/5	1/5
投入 B_2	3	1	1/3	1/5
运行 B_3	5	3	1	1
产出 B_4	5	5	1	1

表 6-8　16 位专家系统层（一级指标）综合判断矩阵

高职院校产业学院建设绩效				
A-B	环境 B_1	投入 B_2	运行 B_3	产出 B_4
环境 B_1	1.000 0	0.822 1	0.200 0	0.200 0
投入 B_2	1.216 4	1.000 0	0.822 1	0.693 4
运行 B_3	5.000 0	1.216 4	1.000 0	1.000 0
产出 B_4	5.000 0	1.442 2	1.000 0	1.000 0

（3）层次单排序及一致性检验

层次单排序是指每一个判断矩阵中各因素对其上一层指标的相对权重，即指标权重。

第一步,计算单层指标权重。对 16 位专家一级指标综合判断矩阵 A,通过方根法(计算几何平均数)进行按列归一化,得到一级指标单层排序权重 W_A。

$$A = \begin{bmatrix} 1.000\ 0 & 0.822\ 1 & 0.200\ 0 & 0.200\ 0 \\ 1.216\ 4 & 1.000\ 0 & 0.822\ 1 & 0.693\ 4 \\ 5.000\ 0 & 1.216\ 4 & 1.000\ 0 & 1.000\ 0 \\ 5.000\ 0 & 1.442\ 2 & 1.000\ 0 & 1.000\ 0 \end{bmatrix} \xrightarrow{\text{按列归一化}}$$

$$W_A = (0.093\ 6, 0.200\ 7, 0.345\ 3, 0.360\ 4)^{\mathrm{T}}$$

结果表示,目标层高职院校产业学院建设绩效 A 下系统层中环境、投入、运行与产出的指标单层权重分别为 0.093 6、0.200 7、0.345 3、0.360 4。

第二步,计算最大特征值 $\lambda_{\max}$。其中,n 为判断矩阵阶数,ω 为单一指标权重。

$$\lambda_{\max} = \sum_{i=1}^{n} \frac{[BW_A]_i}{n\omega_i} = 4.165\ 8$$

第三步,计算一致性指标 CI。

$$CI = \frac{\lambda_{\max} - n}{n-1} = \frac{4.165\ 8 - 4}{4-1} = 0.055\ 3$$

第四步,计算随机一致性比率 CR。RI 为平均随机一致性指标,其值与判断矩阵阶数对应(表6-9)。

$$CR = \frac{CI}{RI} = \frac{0.055\ 3}{0.89} = 0.062\ 1 < 0.1$$

表6-9　平均随机一致性 RI 值表

n 阶	1	2	3	4	5	6	7	8	9	10
RI 值	0	0	0.52	0.89	1.12	1.26	1.36	1.41	1.46	1.49

结果表明,随机一致比率小于 0.1,说明系统层层次分析排序结果具有较好的一致性,即一级指标权重分配较为合理。

同理,可分别计算出要素层与指标层的所有指标权重分配(表6-10)。并且,所有随机一致性比率均小于 0.1(表6-11)。

表 6-10 高职院校产业学院建设绩效 A 评价指标权重表

目标层	系统层		要素层			指标层		
	一级指标	总权重	一级指标	权重	总权重	三级指标	权重	总权重
高职院校产业学院建设绩效 A	环境 B_1	0.093 6	办学背景 C_1	1.000 0	0.093 6	区域产业契合度 D_1	0.654 9	0.061 3
						地方政府政策协同性 D_2	0.345 1	0.032 3
	投入 B_2	0.200 7	建设规划 C_2	0.409 5	0.082 2	参建主体吻合度 D_3	0.629 0	0.051 7
						治理结构合理 D_4	0.205 5	0.016 9
						制度完备 D_5	0.165 5	0.013 6
			持续性投入 C_3	0.590 5	0.118 5	持续投入发展力 D_6	0.619 8	0.073 5
						区域政府支持度 D_7	0.266 0	0.031 5
						创新体制机制 D_8	0.114 2	0.013 5
	运行 B_3	0.345 3	日常运行 C_4	0.517 0	0.178 5	资金使用合规性 D_9	0.111 6	0.019 9
						执行有效性 D_{10}	0.298 0	0.053 2
						目标完成率 D_{11}	0.381 0	0.068 0
						预算到位率 D_{12}	0.209 3	0.037 4
			教学管理 C_5	0.361 5	0.124 8	规模管理 D_{13}	0.123 0	0.015 4
						教学团队 D_{14}	0.467 1	0.058 3
						课程教学 D_{15}	0.409 9	0.051 2

A	B		C			D		
高职院校产业学院建设绩效 A	运行 B_3	0.345 3	可持续性发展 C_6	0.121 5	0.042 0	资源共享率 D_{16}	0.594 2	0.024 9
						常态化沟通机制 D_{17}	0.172 7	0.007 2
						产教联盟影响力 D_{18}	0.233 0	0.009 8
	产出 B_4	0.360 4	学生获得 C_7	0.473 9	0.170 8	就业对口率 D_{19}	0.401 9	0.068 6
						高薪就业率 D_{20}	0.233 5	0.039 9
						稳定就业率 D_{21}	0.267 0	0.045 6
						创新创业占比 D_{22}	0.097 5	0.016 7
			企业获得 C_8	0.227 8	0.082 1	产业项目营收情况 D_{23}	0.121 6	0.010 0
						产业学院孵化项目 D_{24}	0.378 1	0.031 0
						创新成果数量 D_{25}	0.200 5	0.016 5
						员工半年流失率 D_{26}	0.299 8	0.024 6
			学校获得 C_9	0.165 9	0.059 8	资源颗粒增长率 D_{27}	0.255 9	0.015 3
						科研成果转化能力 D_{28}	0.177 4	0.010 6
						荣誉及获奖数 D_{29}	0.334 6	0.020 0
						社会声誉 D_{30}	0.232 0	0.013 9
			综合满意度 C_{10}	0.1324	0.0477	学生满意度 D_{31}	0.612 5	0.029 2
						社会满意度 D_{32}	0.387 5	0.018 5

表 6-11　判断矩阵层次总排序一致性检验结果

层次	A-B	B_1-C	B_2-C	B_3-C	B_4-C	C_1-D	C_2-D	C_3-D
CR	0.062 1	0.000 0	0.000 0	0.030 8	0.052 5	0.000 0	0.021 7	0.061 7
层次	C_4-D	C_5-D	C_6-D	C_7-D	C_8-D	C_9-D	C_{10}-D	
CR	0.065 2	0.053 6	0.040 0	0.029 2	0.021 7	0.078 8	0.000 0	

（4）层次总排序及一致性检验

层次总排序是指计算某层所有指标相对于目标层相对重要性的权重，即指标总权重。从最顶层到最底层进行计算，得出各指标总权重。

层次总排序也需要进行一致性检验，由最顶层开始逐层检验。以目标层高职院校产业学院建设绩效 A 为例，计算如下。

$$CR = \frac{\sum_1^4 a_i CI_i}{\sum_1^4 a_i RI_i}$$

$$= \frac{0.039\ 6 \times 0 + 0.200\ 7 \times 0 + 0.345\ 3 \times 0.016\ 0 + 0.360\ 4 \times 0.052\ 5}{0.039\ 6 \times 0 + 0.200\ 7 \times 0 + 0.345\ 3 \times 0.52 + 0.360\ 4 \times 0.89}$$

$$= 0.048\ 9$$

结果表明，目标层高职院校产业学院建设绩效 A 的随机一致性比率<0.1。

同理，可求系统层层次总排序的一致性检验，所得结果均<0.1（表 6-12）。结果表明，层次总排序结果具有较好的一致性，一级指标权重分配较为合理。

表 6-12　判断矩阵层次总排序一致性检验

层次	A	B_1	B_2	B_3	B_4
CR	0.048 9	0.000 0	0.000 0	0.065 5	0.036 7

2. 结果分析

分析结果表明，本研究所构建的高职院校产业学院建设绩效评价指标体系,其权重结果均具有较好的一致性,指标权重分配较为合理。

从系统层分析,产出与运行权重占比最多,分别为 36.04% 与 34.53%,其次是投入占比 20.07%,最后是环境占比 9.36%。由此可见,运行与产出占有同样重要的地位,均为评价高职院校产业学院绩效的重要因素。

从要素层分析,日常运行总权重占比最高,为 17.85%,这一结果证明产业学院建设在关注投入与产出之余,需要立足于高质量的日常运行。其次是学生获得,总权重占比 17.08%,表明产业学院建设发展必须以学生为中心,旨在促进学生学有所得。接下来是教学管理总权重占比 12.48%,表明科学、合理、高效的教学管理是保障学生获得的重要因素。持续性投入总权重占比 11.85%,表明产业学院建设发展需要保障投入的持续性。此外,企业获得与学校获得分别占比 8.21%、5.98%,表明企业在产业学院建设中发挥着重要作用,需要避免重学校而轻企业(表 6-13)。

表 6-13　要素层指标总权重排序

要素层权重排序		
二级指标	总权重	排序
日常运行	0.178 5	1
学生获得	0.170 8	2
教学管理	0.124 8	3
持续性投入	0.118 5	4
办学背景	0.093 6	5
建设规划	0.082 2	6
企业获得	0.082 1	7
学校获得	0.059 8	8
综合满意度	0.047 7	9
可持续性发展	0.042 0	10

从指标层分析,总权重占比最高的 10 个指标依次为就业对口率 7.56%、持

续投入发展力7.38%、区域产业契合度6.43%、目标完成率5.98%、参建主体吻合度5.19%、教学团队5.12%、稳定就业率5.02%、执行有效性4.67%、课程教学4.50%和高薪就业率4.39%(表6-14)。这些指标是高职院校产业学院绩效评价的重要因素,也是产业学院建设发展需要格外关注的事项。

表6-14　指标层指标总权重排序

三级指标	总权重	排序
就业对口率	0.0756	1
持续投入发展力	0.0738	2
区域产业契合度	0.0643	3
目标完成率	0.0598	4
参建主体吻合度	0.0519	5
教学团队	0.0512	6
稳定就业率	0.0502	7
执行有效性	0.0467	8
课程教学	0.0450	9
高薪就业率	0.0439	10

通过以上数据分析发现,高职院校产业学院绩效评价体系的指标权重反映出:高职院校产业学院建设需要坚持以人才培养为中心,强调学生获得的预期效果;需要以高质量运行为先导,引领产业学院高质量发展;需要关注企业与学校的多元获得,引领产业学院可持续性发展等显著性特点。

第七章

高职院校产业学院绩效评价的实证检验

实证检验是通过实际数据和科学方法来检验理论假设、模型或观点的过程,旨在检验理论与现实的契合度,揭示关键变量之间的关系,提升结果的科学性和可靠性,从而增强学术研究的说服力。本章通过选取新工科、新医科、新农科、新文科 4 个领域,针对处于不同建设周期的代表性高职院校产业学院进行绩效评价实证检验,系统性地展现实测流程与结果,同时为指标体系的进一步优化提供实证支撑。

一、基于模糊综合评价法的高职院校产业学院绩效评价实测

(一)研究背景

本研究选取了 S 省新工科、新医科、新农科、新文科 4 个领域,建设周期分别为 5 年、2 年、3 年和 4 年的 A、B、C、D 4 所高职院校产业学院进行测评。笔者根据上述高职院校产业学院绩效评价体系从学校获取客观指标数据,通过模糊综合评价法对 4 所高职院校产业学院建设发展绩效进行评价,并进行综合对比分析。

(二)评价过程

采用模糊综合评价法计算分析步骤,共分为建立因素集、建立权重集、建立评价集、建立模糊关系矩阵、单因素评判与模糊综合评价 6 步。其中,指标权重集已由前文层次分析法计算获得。

1.建立模糊综合评价的因素集和评价集

基于前文的高职院校产业学院绩效评价指标体系中指标层的 32 个指标,建立因素集 $D = \{D_1, D_2, \cdots, D_{32}\}$。

再将每个指标的评价结果分为 5 个等级,建立评价集 $V = \{$弱,较弱,一般,较好,好$\}$,并为其赋值 $V = \{0, 0.25, 0.5, 0.75, 1\}$。

2. 建立模糊关系矩阵

笔者邀请此前使用层次分析法进行指标权重评判的 16 位专家,基于本研究调研的 4 所高职院校产业学院所提供的材料进行模糊评价。这些材料是根据高职院校产业学院绩效评价体系中指标说明收集的。由于篇幅限制,这里仅展示新医科高职院校产业学院 D 绩效评价调查结果统计表(表 7-1)。

表 7-1 新医科高职院校产业学院 D 绩效评价调查结果统计表

指标层	弱	较弱	一般	较好	好
三级指标	0	0.25	0.5	0.75	1
区域产业契合度 D_1	0	0	5	9	2
地方政府政策协同性 D_2	0	2	12	2	0
参建主体吻合度 D_3	0	0	2	7	7
治理结构合理 D_4	0	0	1	6	9
制度完备 D_5	0	4	10	2	0
持续投入发展力 D_6	0	3	8	5	0
区域政府支持度 D_7	0	4	7	5	0
创新体制机制 D_8	0	0	2	6	8
资金使用合规性 D_9	0	0	0	0	16
执行有效性 D_{10}	0	0	0	2	14
目标完成率 D_{11}	0	2	10	4	0
预算到位率 D_{12}	0	0	16	0	0
规模管理 D_{13}	0	0	0	0	16
教学团队 D_{14}	0	0	0	0	16
课程教学 D_{15}	0	0	0	0	16
资源共享率 D_{16}	0	0	14	2	0

续表

指标层	弱	较弱	一般	较好	好
常态化沟通机制 D_{17}	0	3	10	3	0
产教联盟影响力 D_{18}	0	0	4	2	10
就业对口率 D_{19}	0	1	14	1	0
高薪就业率 D_{20}	0	0	0	0	16
稳定就业率 D_{21}	0	0	0	0	16
创新创业占比 D_{22}	0	16	0	0	0
产业项目营收情况 D_{23}	0	5	7	4	0
产业学院孵化项目 D_{24}	0	0	5	8	3
创新成果数量 D_{25}	0	0	2	4	10
员工半年流失率 D_{26}	0	0	5	9	2
资源颗粒增长 D_{27}	0	2	10	4	0
科研成果转化能力 D_{28}	3	9	4	0	0
荣誉及获奖数 D_{29}	0	0	6	8	2
社会声誉 D_{30}	9	7	0	0	0
学生满意度 D_{31}	0	0	2	14	0
社会满意度 D_{32}	0	1	6	9	0

以要素层办学背景 C_1 为例,构建模糊关系矩阵表(表7-2)。

表 7-2 办学背景 C_1 模糊关系矩阵表

层次	0	0.25	0.5	0.75	1
D_1	0.000 0	0.000 0	0.312 5	0.562 5	0.125 0
D_2	0.000 0	0.125 0	0.750 0	0.125 0	0.000 0

办学背景 C_1 的模糊关系矩阵

$$R_{C_1} = \begin{bmatrix} 0.000\ 0 & 0.000\ 0 & 0.312\ 5 & 0.562\ 5 & 0.125\ 0 \\ 0.000\ 0 & 0.125\ 0 & 0.750\ 0 & 0.125\ 0 & 0.000\ 0 \end{bmatrix}$$

3. 单因素评判与模糊综合评价

单因素评判,以指标层区域产业契合度 D_1 为例,计算其模糊综合评价值 P_{D_1},计算如下:

$$P_{D_1} = R_{D_1} \cdot V = \begin{bmatrix} 0.000\ 0 & 0.000\ 0 & 0.312\ 5 & 0.562\ 5 & 0.125\ 0 \end{bmatrix} \cdot$$
$$\{0,0.25,0.5,0.75,1\} = 0.703\ 1$$

模糊综合评价,以要素层办学背景 C_1 为例,计算其模糊综合评价值 P_{C_1},计算如下:

$$P_{C_1} = W_{C_1} \cdot R_{C_1} \cdot V$$

$$= (0.654\ 9, 0.345\ 1)^{\mathrm{T}} \cdot \begin{bmatrix} 0.000\ 0 & 0.000\ 0 & 0.312\ 5 & 0.562\ 5 & 0.125\ 0 \\ 0.000\ 0 & 0.125\ 0 & 0.750\ 0 & 0.125\ 0 & 0.000\ 0 \end{bmatrix} \cdot$$

$$\{0,0.25,0.5,0.75,1\}$$

$$= 0.633\ 0$$

同理,可求其他各指标和模糊综合评价值。4 所高职院校产业学院模糊综合评价值见表7-3,由于篇幅限制,此处省略指标层的模糊综合评价值。

表7-3　4 所高职院校产业学院模糊综合评价值

		产业学院 A	产业学院 B	产业学院 C	产业学院 D
目标层	建设绩效	0.952 2	0.491 3	0.641 9	0.707 8
系统层	环境	1.000 0	0.543 5	0.871 7	0.633 0
	投入	0.986 5	0.535 1	0.660 7	0.651 0
	运行	0.987 0	0.527 2	0.687 2	0.800 0
	产出	0.887 2	0.418 9	0.528 2	0.670 4

续表

		产业学院 A	产业学院 B	产业学院 C	产业学院 D
要素层	办学背景	1.000 0	0.543 5	0.871 7	0.633 0
	建设规划	1.000 0	0.199 0	0.674 4	0.778 3
	持续性投入	0.977 1	0.768 0	0.651 2	0.562 8
	日常运行	1.000 0	0.286 8	0.542 8	0.707 4
	教学管理	1.000 0	0.844 8	1.000 0	1.000 0
	可持续性发展	0.893 0	0.605 3	0.371 4	0.598 7
	学生获得	0.952 8	0.366 5	0.720 9	0.725 9
	企业获得	0.818 7	0.338 8	0.367 6	0.716 9
	学校获得	0.771 1	0.491 5	0.088 7	0.438 5
	综合满意度	0.915 2	0.653 1	0.665 2	0.682 4

（三）结果分析

分析结果表明,从建设整体效果来看,建设周期最长的新工科高职院校产业学院 A 评价最高,其评价值为 0.952 2,处于高于较好趋近于好的水平。其次是建设 4 年的新医科高职院校产业学院 D 与建设 3 年的新农科高职院校产业学院 C,其模糊综合评价值分别为 0.707 8 与 0.641 9,处于一般至较好的水平。最后是建设时长为 2 年的新文科高职院校产业学院 B,其综合模糊评判值为 0.491 3,处于略低于一般水平。

从新工科高职院校产业学院 A 来看,系统层 4 个指标中,环境为 1.000 0,处于好的水平,反映其与区域产业发展高度契合且受到充分的政府政策支持。其次为投入、运行与产出,其中仅有产出的评价值（0.887 2）低于整体建设绩效（0.952 2）,但仍处于趋近于好的水平。对于产出来说,学生获得评价值最高为 0.952 8,接下来为综合满意度（0.915 2）、企业获得（0.818 7）与学校获得

（0.771 8），反映出该产业学院需要加强对企业获得和学校获得的关注。

从新文科高职院校产业学院 B 来看，系统层 4 个指标中环境、投入与运行指标较为接近，评价值都在 0.53 左右，产出指标最低为 0.418 9。从要素层来看，最高为教学管理（0.844 8）和持续性投入（0.768 0），均高于较好水平。其次为综合满意度（0.653 1）、办学背景（0.543 5）和可持续性发展（0.605 3），处于高于一般水平。但其余指标均低于一般水平，尤其是建设规划仅为 0.199 0，低于较弱水平，接下来是日常运行 0.286 8、企业获得 0.338 8、学生获得 0.366 5，反映出该产业学院的日常运行亟待加强，并应关注企业获得与学生获得。

从新农科高职院校产业学院 C 来看，系统层中 4 个指标数值差异明显，依次是环境（0.871 7）、运行（0.687 2）、投入（0.660 7）、产出（0.528 2）。从要素层来看，教学管理评价值最高为 1.000 0，处于好的水平，其次是学生获得（0.720 6）。评价值最低的 4 个指标分别为学校获得（0.088 7）、企业获得（0.367 6）、可持续性发展（0.371 4）、日常运行（0.542 8），反映该产业学院在建设发展中需要加强日常运行，并格外关注学校获得、企业获得，以及可持续性发展。

从新医科高职院校产业学院 D 来看，系统层指标中，运行指标评价值最高，为 0.800 0，高于较好水平，其次为产出、投入与环境。从要素层来看，教学管理评价值最高为 1.000 0，处于好的水平。其次为建设规划（0.778 3）、学生获得（0.725 9）、企业获得（0.716 9）与日常运行（0.707 4）。评价值最低的 4 个指标分别为学校获得（0.438 5）、持续性投入（0.562 8）、可持续性发展（0.598 7）、办学背景（0.633 0），反映该产业学院需要争取更多资源支持，并关注学校获得。

综上所述，4 所不同建设时长的产业学院建设绩效评价与其建设时长呈正相关关系。从系统层指标评价来看，产业学院 A 的环境评价指标最高，其次是新医科、新农科，最后是新文科，与区域产业发展和政策支持情况基本吻合。产出指标评价整体呈现较弱的现象，造成该现象的问题可能是核心成果产出与评价的时滞性因素。从要素层指标评价来看，产业学院 A 最需要加强的是企业获得与学校获得,产业学院 B 最需要加强的是建设规划与日常运行,产业学院 C 最需要加强的是学校获得与企业获得,产业学院 D 最需要加强的是学校获得与持续性投入,其中出现学校获得与企业获得的共性问题,这与系统层产出指标评价相对较低的趋势一致。

从系统层来看,4 所产业学院系统层产出指标评价值均低于目标层建设绩效评价值,并且产业学院 A、B 和 C 系统层指标综合评价值呈现出递减趋势,即环境>投入>运行>产出。产业学院 D 系统层前 3 个指标综合评价值整体呈递增趋势,其中运行评价值最高,达到 0.800 0,处于较好至好水平。此外,产业学院 D 的环境与投入评价值均低于产业学院 C,但运行与产出指标评价值均高于产业学院 C。

从要素层来看,与系统层产出相关的 4 个指标中,总建设绩效高于一般水平的产业学院 A、C 和 D 的学生获得评价值均高于其建设绩效评价值;产业学院 A、B 和 C 的企业获得评价值均小于建设绩效评价值;产业学院 A、C 和 D 评价值最低的指标均为学校获得,其中产业学院 C 的学校获得综合评价值仅为 0.0887 分,处于弱水平。此外,4 所产业学院的教学管理指标均高于较好水平。

从指标层来看,4 所产业学院各自评价值最低的 10 个指标中,隶属于要素层企业获得和学校获得的指标占 50%,其中,产业项目营收情况和科研成果转化能力评价值均排在后 10 位(表 7-4)。

表 7-4 4 所高职院校产业学院指标层评价值后 10 位的指标

产业学院 A		产业学院 B		产业学院 C		产业学院 D	
指标名称	评价值	指标名称	评价值	指标名称	评价值	指标名称	评价值
资源共享率	0.953 1	治理结构合理	0.437 5	常态化沟通机制	0.453 1	资源颗粒增长率	0.531 3
荣誉及获奖数	0.921 9	资源共享率	0.437 5	创新体制机制	0.187 5	区域政府支持力度	0.515 6

续表

产业学院 A		产业学院 B		产业学院 C		产业学院 D	
指标名称	评价值	指标名称	评价值	指标名称	评价值	指标名称	评价值
社会满意度	0.781 3	制度完备	0.421 9	资源颗粒增长率	0.187 5	地方政府政策协同性	0.500 0
产业项目营收情况	0.750 0	科研成果转化能力	0.140 6	执行有效性	0.125 0	预算到位率	0.500 0
产业学院孵化项目	0.750 0	执行有效性	0.093 8	产业学院孵化项目	0.109 4	常态化沟通机制	0.500 0
创新成果数量	0.718 8	地方政府政策协同性	0.062 5	科研成果转化能力	0.109 4	就业对口率	0.500 0
科研成果转化能力	0.718 8	参建主体吻合度	0.062 5	创新成果数量	0.093 8	产业项目营收情况	0.484 4
资源颗粒增长率	0.703 1	创新成果数量	0.062 5	产教联盟影响力	0.062 5	制度完备	0.468 8
产教联盟影响力	0.671 9	产业项目营收情况	0.031 3	产业项目营收情况	0.062 5	科研成果转化能力	0.265 6
社会声誉	0.671 9	预算到位率	0.000 0	社会声誉	0.046 9	创新创业占比	0.250 0
创新创业占比	0.515 6	稳定就业率	0.000 0	荣誉及获奖数	0.031 3	社会声誉	0.109 4

综合而言,基于 CIPP-AHP-FCE 模型的高职院校产业学院绩效评价方法,对 S 省 4 所不同建设时长的产业学院进行评价发现,新工科高职院校产业学院 A 建设绩效处于趋近于好的水平,新文科高职院校产业学院 B 处于略低于一般水平,新农科高职院校产业学院 C 和新医科高职院校产业学院 D 发展高于一般水平,但还未达到较好水平。评价结果与 4 所产业学院目前的现实表现基本吻合。

二、基于 CIPP-AHP-FCE 模型的高职院校产业学院绩效评价分析

　　高职院校产业学院建设作为推动高职院校深化产教融合的重要途径,是探索破解职业教育高质量发展障碍的重要载体。绩效评价作为教育高质量发展的指挥棒,有利于推动产业学院不断完善,在约束和监督状态下发展,让深化产教融合与高质量人才培养落到实处。本研究基于文献梳理、政策解读、实地调研与专家访谈等方法建构了 CIPP-AHP-FCE 绩效评价模型。该模型构建了包含 4 个一级指标、10 个二级指标、32 个三级指标的高职院校产业学院绩效评价指标体系,确定指标权重后,选择了新工科、新文科、新农科、新医科 4 所不同领域的产业学院进行应用检验,实测指标体系的全面性、可靠性、适用性,以期为高职院校产业学院自评与院校间横评提供一套较为科学的评价工具与方法。

　　研究结果显示,CIPP-AHP-FCE 绩效评价模型及其构建的指标体系具有以下优势与特征:一是,CIPP-AHP-FCE 绩效评价模型充分适配高职院校产业学院绩效评价,结合定性与定量分析法,体现出了系统性、科学性、可靠性等特征;二是,评价对象上能够适用不同产业、不同建设周期的高职院校产业学院,提升了绩效评价的适用性;三是,评价内容含总体建设绩效与各层次指标评价,整合诊断性评价、形成性评价与终结性评价,体现了评价的全面性,并能够有效帮助高职院校产业学院实现“以评促建,以评促改”的目的;四是,评价过程可操作性较强,高职院校产业学院可直接采纳该成果进行自评;五是,评价结果简单直观,能够用于横向评价,具有较广泛的应用场景。但仍值得关注的是,高职院校产业学院建设需要坚持以人才培养为中心,强调学生获得的预期效果;需要以高质量运行为先导,引领产业学院高质量发展;需要关注企业与学校的多元获得,引领产业学院可持续性发展。在应用场景上,建议在横向评价应用中,以相同或相近建设周期为基准,检验同领域或跨领域产业学院的整体建设成果。在纵向评价应用中,以同一产业学院不同建设周期为基准,检验其阶段性建设成果。

　　对于高职院校产业学院绩效评价的引入,并非只是单一将评价分数或等级作为衡量产业学院建设优劣的标尺。CIPP-AHP-FCE 绩效评价模型的引入正是试图打破传统的"投入—产出"结果导向的绩效评价模式,转而为高职院校产业学院发展提供过程性与结果性的综合参考,最终使评价结果转化为建设周期新的任务驱动力,实现"以评促建、以评促改"的目的,助力高职院校产业学院实现高质量发展的终极目标。高职院校产业学院绩效评价体系的建设与运用是一个系统工程,除了设计完整的考核体系,还要提供充分的实施保障。① 绩效评价指标体系需要不断优化和完善评价指标内容,通过将地区差异纳入评价指标范围、实现动态与长效监测相结合等举措,提升绩效评价体系的可靠性与通用性,为推动高职院校产业学院建设高质量发展提供指引与规范。

---

① 吴新燕,席海涛,顾正刚.高职产业学院绩效考核体系的构建[J].教育与职业,2020(3):27-33.

第八章

促进我国高职院校产业学院绩效提升的建议与展望

　　高职院校产业学院是政府、行业、企业、高校等原本独立的异质性组织基于共同的目标、共同的价值、共同的利益而构建的新的共同体。这些原本不同的主体都有着各自的组织目标、组织文化、制度系统、管理系统和行为准则。在多主体共同建构的产业学院中,如何有效吸纳原来各自组织的制度、文化、管理优势,凝聚各方力量,发挥各方优势,激发新的动能,使这些要素在产业学院平台上实现资源利用的效能最大化,是促进高职院校产业学院绩效提升的关键。[1][2]纵观典型案例与实证结论,高职院校产业学院虽然已经走过了 10 多年的探索发展阶段,正式步入蓬勃发展的上升阶段,但是仍面临诸多现实困境与问题。高职院校产业学院的建设路径,旨在搭建应然与实然之间的桥梁,最终解决产业学院"如何而为"的方法性问题。本章将从产业学院的政策投入、运行保障、职能效益、评价改进等角度,为促进我国高职院校产业学院绩效提升提出可行性建议。

一、对策与建议

(一)聚焦政策投入支撑性与持续性

　　聚焦政策投入支撑性。产业学院建设是政策驱动、需求驱动和创新驱动共同作用的结果,其中,政策驱动是外部推动力。[3] 2017 年,《国务院办公厅关于深化产教融合的若干意见》发布以来,各省加快推进落实产教融合战略,很多省份将产业学院建设作为推动产教融合的重要举措,出台政策引导高校与企业突破传统发展路径,积极回应知识社会背景下知识创新的新特征、新需求,以此汇聚创新发展的技术资源和人才资源,提高区域创新能力。例如,广东省教育厅

①　付俊超,杨雪,刘国鹏,等.产学研合作运行机制与绩效评价研究[M].武汉:中国地质大学出版社,2011:161-179.
②　王继元.产教融合背景下高校行业学院研究[M].南京:南京大学出版社,2021:179.
③　邓小华,王晞.现代产业学院的基本职能与运行机制[J].职教论坛,2022,38(7):37-44.

出台的《广东省教育厅关于推进本科高校产业学院建设的若干意见》、福建省教育厅出台的《福建省教育厅关于做好示范性产业学院遴选工作的通知》、四川省教育厅出台的《四川省教育厅关于开展首批现代产业学院申报与建设工作的通知》等地方性文件,为高校开展产业学院建设提供了政策保障,激发了多主体参与产业学院建设的积极性。换言之,政府的政策支持,为产业学院的建设提供了良好的政策"土壤",使其不再是突破政策瓶颈的"试验田",参与主体也有了积极探索的底气。部分省份还创新以产业学院发展联盟的形式,加大了进一步保障的力度。例如,《福建省教育厅关于成立福建省应用型本科专业类教学联盟和高校产业学院发展联盟的通知》提出,由福建省教育厅组织,由相关高校牵头组建福建省应用型本科专业类教学联盟和福建省高校产业学院发展联盟,明确省应用型本科专业类教学联盟属公益性教学联盟组织,由各相关高校自愿参加,其职责是在省教育厅的指导下,对全省应用型本科高校相关专业类建设和教学工作开展指导、咨询、服务,联合成员单位开展专业建设、教改教研、资源共建共享,组织开展学科技能竞赛、教学竞赛、交流合作等活动,接受省教育厅委托开展相关研究和评估工作。[①] 2019 年 3 月,产业学院发展联盟成立大会在福建武夷学院举行,全省 39 所产业学院出席,会议通过了《福建省高校产业学院发展联盟章程》,以联盟形式让产业学院发展呈现出政策保障下的有组织、有保障、有合作的共赢新形态。

笔者调研发现,目前我国高职院校产业学院多属于项目牵动型,且多源于国家和地方政府设置的相关产教融合项目,促使学校最先展现出较强的内驱力,进而传导给企业或地方政府等其他相关方,对企业、地方政府等的直接政策驱动力略显不足。因此,从国家层面来看,加快制定职业院校产业学院建设及管理专项政策,明确高职院校产业学院的本质内涵、建设目标和建设任务,保障各参与主体的责权利。加强政策支持的横向联动,将深度持续参与产业学院建

---

① 福建省教育厅.福建省教育厅关于成立福建省应用型本科专业类教学联盟和高校产业学院发展联盟的通知[EB/OL].(2018-12-24)[2025-02-02].http://jyt.fujian.gov.cn/xxgk/zfxxgkzl/zfxxgkml/zcwj/201812/t20181228_4728418.htm.

设的企业择优纳入产教融合型企业名单,享受产教融合项目政策红利。组织遴选和建设一批高职院校产业学院,改认定制为申报制,将成效突出的建设单位认定为国家级产业学院。从地方层面来看,地方政府明确对服务地方重点、紧缺等产业发展的产业学院给予政策和专项资金支持,或适当给予产业学院场地补贴、培训补贴、师资补贴等。有条件的地区鼓励产业学院直接建在产业园区、经济开发区内,根据产业学院人才培养地方留用率、科技成果在地转化运用率等指标,给予地方性奖励或补贴。

聚焦投入保障持续性。高职院校产业学院的建设并非一朝一夕之事,其建设和发展需要基础设施建设、研发投入和人才培训等大量的经费投入。除了政府投入外,还需要通过撬动社会、企业等更多主体加入,以确保更广阔、更长远的合作空间。如果仅仅短视地锚定建设初期的一次性投入,或者单纯地依靠国家或区域产教融合项目经费,都难以长久维持产业学院的运行和发展壮大。因此,建立资金多主体持续投入和监管机制,有助于高职院校产业学院通过"外部输血+自我造血"实现长远发展。明确各主体方在"软投入+硬投入"中的投入估值,尽量避免将企业前期的一次性设备投入值等作为合作的门槛,进而导致过度强调"硬投入"占比,从而忽视设备的实际使用效率与效用。加大对行业、企业技术性投入的支持力度,将投入转化率与持续投入度作为观测指标。鼓励将行业、企业新工艺和新技术等应用在产业学院实际教育教学和生产性实训中,通过多渠道、多方式投入提升产业学院的"造血能力"。

(二)聚力运行机制规范性与决策保障自主性

聚力运行机制规范性。研究表明,组织间信任形成的决定性因素实为复杂契约。[①] 复杂契约主要包括战略合作框架、协议、细则,合作主体的权利、责任和

---

① FAEMMS D,JANSSENS M,MADHOK A,et al. Toward an integrative perspective on alliance governance: Connecting contract design,trust dynamics,and contract application[J]. Academy of Management Journal, 2008,51(6):1053-1078.

义务,以及集体行动的负面清单和违反惩罚措施。换言之,复杂契约约束了合作主体的行为规范性,为各项协作活动奠定了基本遵循框架。笔者调查发现,高职院校产业学院运行机制残缺已成为其规范化发展的桎梏。因此,坚持党的领导,是产业学院办学方向保障的基本条件。众多产业学院事项的决策需要通过党组织会议研究通过,并同时接受党组织的监督;组建理事会制度,是产业学院组织机构运行的顶层架构,理事会代表组成体现了政府、行业、企业、学校等多主体的权益,是产业学院制度化设计的集中机构;以章程为统领,章程是产业学院多主体管理的行动纲领,健全的教学管理、人事管理、财务管理、产权制度、分配制度等确保了产业学院的日常运转。

聚力决策保障自主性。现有文献及调研结果均证明了地方政府、行业协会、龙头企业等都可以是产业学院的联合建立者,即产业学院是真正意义上的"政—行—企—校"多元联合主体。但笔者调研发现,产业学院大多执行高校行政管理制度,缺乏自主决策权,实则难以直接对接市场化需求。因此,亟待深化教育领域的"放管服"改革,为产业学院"松绑",在体制机制上切实尝试"有所破、有所立"。在宏观层面上,在政策制度供给中,为产业学院建设与发展提供容错机制和试错空间,制定赋权清单,加大办学主体赋权增能力度,充分利用政策与法规的约束和激励机制,实现"政府推动,市场引导"产业学院办学目标。①在微观层面上,遵循产业学院独立运作的基本规则,在学校内部切实解决产业学院在课程设置上无法跨院系安排实施、在支付产业导师课时费上无法根据市场调整金额等看似微小却令产业学院发展"束手束脚"的现实问题。

(三)聚汇职能共生性与效益共享性

聚汇核心职能共生性。高职院校产业学院多主体间不同的逻辑与价值判断使其在多重机制逻辑下形成了冲突、竞争或合作的结果,基于要素融合的共

---

① 卢广巨,余莎,胡志敏.利益分析视角下产业学院的发展逻辑与治理策略[J].职业技术教育,2021,42(7):49-53.

同育人、基于知识增值的联合创新和基于价值创造的利益共生构成了现代产业学院的三大基本职能。[①] 从共生理论视角来看，高职院校产业学院的多主体间应形成"知识共享、人才共育、基地共用、研发共担、成果共推"的良好生态，充分体现产业学院的教育职能、商业职能和社会职能。这意味着产业学院能够通过知识传播，培养高素质技术技能人才；通过知识创新，赋能企业和产业提升竞争力；通过知识溢出，服务区域经济社会发展。换言之，产业学院应遵循院校行为逻辑，将人才培养质量作为逻辑基点，实现毕业人才输送与市场人才需求之间的无缝对接；产业学院应遵循企业行为逻辑，保障企业参与投资的利益和诉求，将高质量人才供给与企业适当盈利作为逻辑参照，同时在应用研发、生产服务、技术改进等关键业务环节为行业企业赋能；产业学院应遵循政府行为逻辑，协助政府完成民生改善和推动经济高质量发展的使命，将高水平的人才在地就业与促进地方产业经济升级、服务地方产业发展作为逻辑遵循，实现"以产促教、以教兴产"。

聚汇多方效益共享性。产教融合、校企合作的最大难点即利益分配，已成为产教难以走入"深水区"的关键问题，尤其是其中对于行业、企业利益的保障。产业学院作为产教融合的新模式探索，理应取得实质性、突破性进展。产业学院内部各主体间存在着天然的目标价值取向差异，各参与主体在利益分配、权力格局等实际运行背后蕴藏着矛盾危机。[②] 产业学院重视效益，即应关注组织的高效运行与等额回报。从组织合作间的交易成本来看，学校、行业、企业的交易契约组合需要更加注重合作效益，才能在具有相互依赖的内生性诉求基础上，走向更为高级的利益共同体发展形态。[③] 产业学院要成为互益性组织，其根本是为了摆脱因缺乏利益共生点而导致的多主体逐步走向低效合作或虚假合

① 邓小华，王晞. 现代产业学院的基本职能与运行机制[J]. 职教论坛，2022，38(7)：37-44.
② 尹伟民，孙健，李德方. 职业院校产业学院的建设路径及保障研究：基于江苏省南京市的案例分析[J]. 中国职业技术教育，2021(25)：22-27.
③ 郭雪松，李胜祺. 混合所有制高职产业学院人才培养共同体建设[J]. 教育与职业，2020(1)：20-27.

作的困境,进而形成利益共享、风险共担的稳定且可持续性的合作模式。因此,应逐步探索产业学院独立法人制,赋予产业学院一定的独立决策权、管理自主权和人财物处置权。对各方资源投入的归属建立具体化、可操作的契约制度,将创造价值及其合理分配视为产业学院的基本职能和重要使命。

(四)聚合评价机制系统性与改进驱动发展性

聚合评价机制系统性。2020 年中共中央、国务院印发的《深化新时代教育评价改革总体方案》在健全职业学校评价中明确提出,重点评价职业学校(含技术学校,下同)德技并修、产教融合、校企合作……扩大行业企业参与评价,引导培养高素质劳动者和技术技能人才。[①] 建立产业学院发展评价机制,对于规范产业学院办学主体的合作行为具有强大的推动作用。在评价指标系统性上,建立绩效评价和质量评价双重指标体系,其中,绩效评价不仅关注"投入—产出"效力,而且通过构建多维度、可操作、可衡量的"环境—投入—运行—产出"多维绩效评价体系,释放绩效评价在过程、目标管理上的势能。质量评价重点以质量目标达成度为导向,注重评价产业学院建设效果及贡献度。通过两套指标体系的交叉检验,全面评估产业学院在办学背景、建设规划、持续性投入、日常运行、教学管理、可持续性发展、学生获得、企业获得、学校获得、综合满意度等 10个维度的过程性及结果性情况。在评价主体系统性上,构建政府、行业、企业、学校、社会等多元参与的评价制度。在指标体系设计之初,根据各相关主体的利益诉求和现实期待,综合确定相应的评价指标。在评价方式系统性上,转变以往高职院校"自建自评、评办一体"的经验性、主观性绩效评价方式,有效发挥教育评价在教育发展方向的指挥棒作用,为高职院校产业学院自评与政府督导横评提供评价工具。

---

① 中共中央,国务院. 深化新时代教育评价改革总体方案[EB/OL]. (2020-10-13)[2023-09-15]. https://www.gov.cn/zhengce/2020-10/13/content_5551032.htm.

虽然对于绩效评价的诟病依旧存在,认为现代的学校往往像商业一样来运作,用"生产绩效""产出数量""计划的成功增长比率""教师的效率""学生标准化考试成绩"等衡量方法构建出完备的评价体系。这样的结果导致教师工作条件的异化和对象的物化,教育者对与受教育者生活在一起的教育学性质的全面反思能力和倾向正在削弱,而教育的科层体制或官僚体制则试图加强对教学过程的行政化和集权式控制。在这种情况下,教师的任务变得越来越"理想化",而作为专业教育者的教师越来越丧失技巧,因为课程变得越来越规定化和受集权式的控制。①② 但是,教育的本质更主要的是一项规范性活动,而不是一种技术或生产活动。这种规范性的活动不断地期望教育者以一种正确的、良好的或恰当的方式从事教育活动。③ 考核评价机制是保障产业学院坚持合理的价值取向、规范的运营方式、可持续的发展态势的重要基石。产业学院是高校二级学院办学模式的重要探索,对产业学院的考核评价应区别于对传统二级学院的考核评价。从评价标准来看,需要从单一的学校话语体系转变为多元分类体系。具体而言,传统二级学院的评价标准主要包括党建、教学、科研、师资队伍等,是基于学校话语体系管理下的考核内容,而产业学院不仅是高校管理的单元,而且是政府、行业、企业、学校等多主体实现深度合作的载体,其评价标准应该从政府、行业、企业、学校等视角多元分类进行考量。从评价主体来看,需要从行政主导转变为多元主体参与。具体而言,传统二级学院的评价主体主要由学校党委、学校行政以及主管教学行政部门构成,评价的组织者与实施者通常是教育行政部门,而随着产业学院参与主体、评价标准的多元化,产业学院的评价主体也应随之更加多元化,其评价主体应该包括政府、行业、企业、学校、社会乃至第三方评价机构等,依据利益相关者的关联度引入不同的评价主体。从评价程序来看,需要从重视指标体系转变为重视形成性评价。具体而言,传统二

① 　张男星,等.高等学校绩效评价论[M].北京:教育科学出版社,2012:240-241.
② 　马克斯·范梅南.教学机智:教育智慧的意蕴[M].李树英,译.北京:教育科学出版社,2001:95.
③ 　马克斯·范梅南.教学机智:教育智慧的意蕴[M].李树英,译.北京:教育科学出版社,2001:10-11.

级学院的评价程序通常由具体的职能部门牵头,采用统一的指标体系进行评价,呈现出重结果轻过程的样态,而产业学院办学是"政府主导、行业指导、企业参与、学校主体"的过程,需要关注长期稳定的投入、机制、保障等要素,实现对产教融合绩效的综合评价。①

聚合改进驱动发展性。评价结果并非高职院校产业学院建设任务完成情况检验的终点,而应是推动新一轮建设任务的动力。高职院校产业学院评价体系的建设与运用是一个动态的系统性工程,除了设计完整的考评体系外,还要提供充分的实施保障②,优化和完善评价指标体系的指标内容及权重,提升绩效评价体系的可靠性与适用性。在评价实施过程中,对产生的问题进行回溯及整改,规范产业学院各办学主体的合作行为。完善评价结果运用,建立以"评价+整改"制度模式,综合发挥导向、鉴定、诊断、调控和改进作用,为推动高职院校产业学院高质量建设发展提供指引和规范,实现"以评促建、以评促改"的终极目标。评价的最终目的应该是检验如何保证产业学院各方参与初衷的实现情况、发展利益的维护情况、互动合作的保障情况,协调各方资源真正实现人才共育、课程共建、成果共享、风险共担、效果共评,以及如何发挥统筹规划、政策引领、科学评价、成果反哺的效能实现产业学院规范有序发展。

二、结论与展望

(一)产业学院是教育、经济与社会发展的阶段性产物

从历史发展的角度来看,职教集团、行业学院、现代学徒制等都是产教融合发展的阶段性产物。产业学院作为职业教育发展过程中的一种组织形态,也是

---

① 王继元.产教融合背景下高校行业学院研究[M].南京:南京大学出版社,2021:197.
② 吴新燕,席海涛,顾正刚.高职产业学院绩效考核体系的构建[J].教育与职业,2020(3):27-33.

历史的阶段性产物,是高等教育与产业深度融合的必然结果,其出现具有深刻的时代背景和重要的现实意义。尤其是 20 世纪 90 年代第二次院系调整后,大多数中央高校特别是行业管理高校划归地方政府管理,产业与高等教育的关系弱化。划转后的原行业管理高校普遍追求综合化和研究型大学目标,造成大而全和同质化现象,丧失了产业背景和行业特色,产教关系渐行渐远。① 产业学院是教育、经济与社会发展的有机结合体。尤其是随着全球经济一体化进程的加速及科技革命的不断推进,产业结构持续升级,新兴产业蓬勃兴起,传统产业加速转型。在这一过程中,社会对高素质、创新型、复合型人才的需求日益迫切,而传统教育模式在人才培养的针对性、适应性和前瞻性方面逐渐暴露出局限性。产业学院的应运而生,正是对这一时代需求的积极回应。它打破了教育与产业之间的固有壁垒,构建起了校企合作、协同育人的创新机制。

在教育层面,产业学院将企业的实际需求深度融入教育教学全过程,优化课程体系,引入行业前沿技术和实践经验,使学生在学习过程中能够紧密对接产业动态,掌握实用技能,提升实践能力与创新能力。从经济角度来看,产业学院的建立为区域经济的发展注入了新的活力,通过与企业的深度合作,为企业输送适配人才,开展技术研发与服务,助力企业解决技术难题,提升企业竞争力,促进产业的转型升级,推动地方经济的高质量发展。在社会层面,产业学院的出现有助于缓解就业压力,促进社会的稳定与和谐。通过精准对接产业需求,产业学院培养的人才能够更好地适应市场需求,实现高质量就业。同时,通过开展职业培训、技能提升等服务,产业学院能为社会劳动力的再就业和职业发展提供支持,进一步增强社会的稳定性和包容性。但与此同时,我们也必须清楚地认识到,产业学院的发展作为历史的阶段性的产物,也同样面临发展过程中的局限性、约束性。换言之,我们应将产业学院的发展置于更长的历史发展周期与逻辑中去看待、去思考、去评价,给予产业学院发展足够的时间与

① 袁靖宇.高等教育:产教融合的历史观照与战略抉择[J].中国高教研究,2018(4):55-57.

空间。

（二）产业学院是产教融合、校企合作的实现载体

美国学者亨利·埃茨科威兹（Henry Etzkowitz）在借鉴生物学三螺旋概念的基础上，提出了政府、大学和产业之间的相互作用、密切合作的创新模式。产业作为生产的基本场所，为社会提供金融、物质产品和各种服务；政府作为契约关系的来源，确保产业与大学机构范畴之间稳定的相互作用和交流；大学作为新知识和新技术的主要来源，是知识经济的生产力要素。[①] 产业学院作为产教融合、校企合作的实现载体，具有重要的战略意义和实践价值。其核心逻辑在于通过整合教育与产业资源，构建协同育人机制，推动教育链、产业链、创新链和人才链的深度融合，从而实现教育改革、人才培养和区域经济发展的多赢目标。从三螺旋理论来看，政府、产业和大学相互作用，围绕知识生产与转化、技术的开发与利用而彼此勾连在一起，形成三方资源互相促进、彼此交融，共同推动创新的螺旋式上升过程。高职院校产业学院正是政府、大学、产业三主体合作的实现载体。

产业学院作为产教融合的深度实践平台，通过将产业资源与教育资源有机结合，打破了传统教育与产业之间的壁垒。企业可以将自身的技术、设备、项目案例等资源引入产业学院，深度参与课程设置、教学内容制订以及实践教学环节。产业学院作为校企合作的重要抓手，通过构建校企协同育人机制，试图解决传统校企合作中合作不深、层次较低、利益关系不明确等问题，推动校企双方在人才培养、技术研发、实习实训基地建设等方面开展全方位合作。此外，产业学院在推动区域经济发展方面，通过紧密对接区域产业需求，培养出适应地方经济发展的高素质技术技能人才，为地方经济发展提供了重要的人才和智力支

---

① 亨利·埃茨科威兹.国家创新模式:大学、产业、政府"三螺旋"创新战略[M].周春彦,译.北京:东方出版社,2014:4.

持,有力推动了产业升级和转型。但与此同时,我们也必须充分认识,产业学院并非仅是高职院校或职业教育特有的。实证研究已证明,产业学院作为高等教育阶段产教融合的载体,是三螺旋理论的交汇点。高职院校产业学院发展更应该思考如何叠加或凸显高等教育、职业教育的双重属性,精准定位如何与产业、经济发展同频共振。同时,高职学院产业学院应充分考虑多主体的利益,只有从教育逻辑转向经济逻辑去分析产业学院的建设,才能真正促进产业学院的发展,从"虚像"的产业学院挂牌走向"实像"的合作。

（三）绩效评价是产业学院有序健康发展的外部保障

目前,高职院校产业学院仍处于探寻摸索阶段,需要建立系统的评价标准,以规范引导产业学院的发展方向,减少甚至避免在办学过程中走弯路。职业教育质量评价要素选择应以人才培养为中心,要秉承务实求真的原则,重点关注对学生受教育情况有直接影响的要素,以及对学生职业生涯有持续促进作用的要素。否则,所有脱离了人才培养,仅仅为建设而建设的教育质量体系都违背了现代化的职业教育精神。[①] 高职院校产业学院应由关注应然层面转向实然层面,转向以问题为导向的深度调查和量化验证,并探索从实然样态到应然样态的实现路径。指标体系设计应由原来"唯质"或"唯利"研究转向主观与客观、定量与定性相结合的研究。围绕校企共建任务,双方应全方位关注每项任务的条件、功能及效能等,将评价指标融入校企共建的各个环节、层面及领域,由原来学校单向度评价转向区域产业主体的共评。评价导向从功利性的工具评价回归到促进学生成长发展的核心与根本目的,让利益相关者真切关注产教融合是否满足了各方战略需求,如何通过有效路径创新产教融合机制以深化人才培养模式改革,进而助力人才培养质量整体提升,促进区域产业结构升级,提升专

---

① 秦凤梅.职业教育产教融合质量评价探索[M].重庆:重庆大学出版社,2021:13-15.

业服务能力。[①]

　　同时,由于高职院校产业学院的特殊属性,更需要全方位地进行监督和约束,因此建立健全创新性的立体化质量评价体系就显得尤为重要。其一,要形成多元化的评价主体。高职院校产业学院是由学校、企业、政府等多主体联合形成的有机体,因此在探索与构建质量评价体系时需要实现评价主体的多元化。各类型高职院校产业学院的评价主体不仅包括高职院校、行业企业、地方教育行政管理部门,还应当纳入高职院校产业学院师生及第三方机构,产业助推主导型模式还应有地方政府或行业主管部门的参与,以便全方位、多层次地对学院办学质量进行考核与评价。其二,要建立开放化的评价标准。高职院校产业学院都具有双重价值取向,因此评价标准不同于传统院校的办学要求。同时,不同类型的高职院校产业学院具有不同的组织战略,对办学预期的评价各有侧重,因此针对不同类型的产业学院,应建立因地制宜、因时制宜的开放性评价标准。例如,应着重突出人才培养符合企业、行业需求的程度,将学院公益性科技问题解决度、科研成果的转化率、关键核心技术等纳入评价指标。其三,要增添过程化的评价内容。高职院校产业学院是一种有别于传统公办高职院校的新型组织结构,既要建立客观性强的结果导向指标以指明建设方向,又要格外注重过程评价,以鼓励办学过程中的积极创新、大胆试错,促进办学过程中的流程改进和有效探索。[②]

①　秦凤梅. 职业教育产教融合质量评价探索[M]. 重庆:重庆大学出版社,2021:44-45.
②　聂梓欣,石伟平高职产业学院建构的组织战略分析:理念、模式与路径[J]. 教育与职业,2021(15):41-47.

参考文献

一、著作类

1. 陈玉琨.教育评价学[M].北京:人民教育出版社,2019.

2. 付俊超,杨雪,刘国鹏,等.产学研合作运行机制与绩效评价研究[M].武汉:中国地质大学出版社,2011.

3. 亨利·埃茨科威兹.国家创新模式:大学、产业、政府"三螺旋"创新战略[M].周春彦,译.北京:东方出版社,2014.

4. 环境保护部环境保护对外合作中心环境金融咨询服务中心.绩效评价国际经验与实践研究[M].北京:中国环境出版社,2014.

5. 黄本笑,范如国.管理科学理论与方法[M].武汉:武汉大学出版社,2006.

6. 李海东.产教融合视阈下产业学院育人模式研究[M].广州:广东高等教育出版社,2024.

7. 吕小柏,吴友军.绩效评价与管理[M].北京:北京大学出版社,2013.

8. 中共中央马克思恩格斯列宁斯大林著作编译局编译.马克思恩格斯全集:第三卷[M].北京:人民出版社,1960.

9. 孟卫东,张卫国,龙勇.战略管理:创建持续竞争优势[M].北京:科学出版社,2004.

10. 齐再前.基于博弈论高等职业教育校企合作长效机制研究[M].北京:科学出版社,2016.

11. 秦凤梅.职业教育产教融合质量评价探索[M].重庆:重庆大学出版社,2021.

12. 王继元.产教融合背景下高校行业学院研究［M］.南京:南京大学出版社,2021.

13. 王庆海,王全录,李鹏.高等职业学校产业学院建设实践研究［M］.郑州:郑州大学出版社,2024.

14. 吴秉坚.模糊数学及其经济分析［M］.北京:中国标准出版社,1994.

15. 许树柏.实用决策方法:层次分析法原理［M］.天津:天津大学出版社,1988.

16. 于立宏,孔令丞.产业经济学［M］.北京:北京大学出版社,2017.

17. 刘军宁,等.自由与社群［M］.北京:生活.读书.新知三联书店,1998.

18. 张男星,等.高等学校绩效评价论［M］.北京:教育科学出版社,2012.

19. 赵渊.高等职业教育混合所有制改革的理论与实践［M］.北京:中国社会科学出版社,2020.

20. 马克斯·范梅南.教学机智:教育智慧的意蕴［M］.李树英,译.北京:教育科学出版社,2001.

二、期刊类

1. FAEMS D,JANSSENS M,MADHOK A,et al. Toward an integrative perspective on alliance governance:Connecting contract design, trust dynamics, and contract application［J］. Academy of Management Journal,2008,51(6):1053-1078.

2. 相泽益男.产学官合作现状与发展方向［J］.技术与经济,2009(6):2-15.

3. 陈俊鹏,朱华兵.基于混合所有制改革的高职产业学院建设:价值、问题及出路［J］.中国职业技术教育,2021(25):28-34.

4. 戴佳欣.职业教育产教融合的国际经验与改进路径［J］.南方职业教育学刊,2021,11(4):103-109.

5. 邓小华,王晞.现代产业学院的基本职能与运行机制［J］.职教论坛,2022,

38（7）：37-44.

6. 邓泽民，李欣. 职业教育产业学院基本内涵及界定要求探究［J］. 职教论坛，2021，37（4）：44-50.

7. 范琳，邓忠波. 新时代高职产业学院建设模式实践探索［J］. 职教论坛，2021，37（9）：38-43.

8. 付林，袁珊娜. 高职产业学院的建设路径和实践［J］. 教育教学论坛，2020（27）：353-354.

9. 高宏. 德国职业技术教育的特色及启示［J］. 教育与职业，2004（7）：57-58.

10. 高慧，赵蒙成. 高职教育产教融合质量评价中"人"的维度［J］. 苏州大学学报（教育科学版），2018，6（3）：13-20.

11. 葛高丰. 高职院校产业学院建设的实践演进、功能转型和提升路径［J］. 教育与职业，2023（15）：43-49.

12. 郭雪松，李胜祺. 混合所有制高职产业学院人才培养共同体建设［J］. 教育与职业，2020（1）：20-27.

13. 韩利，梅强，陆玉梅，等. AHP-模糊综合评价方法的分析与研究［J］. 中国安全科学学报，2004，14（7）：86-89.

14. 和震. 产教融合本质内涵和基本规律的洞察与把握［J］. 中国职业技术教育，2024（15）：25-29.

15. 胡文龙. 论产业学院组织制度创新的逻辑：三链融合的视角［J］. 高等工程教育研究，2018（3）：13-17.

16. 胡晓晖，韩芳，董大奎. 基于 CIPP 模式的高职专业教学质量评价指标体系构建研究［J］. 中国职业技术教育，2015（3）：27-31.

17. 黄彬，姚宇华. 新工科现代产业学院：逻辑与路径［J］. 高等工程教育研究，2019（6）：37-43.

18. 姜大源. 德国"双元制"职业教育再解读［J］. 中国职业技术教育，2013（33）：5-14.

19. 李宝银,方晓斌,陈美荣. 行业学院的功能分析与建设思路[J]. 教育评论,2017(9):14-17.

20. 李宝银,汤凤莲,郑细鸣. 产业学院的功能设计与运行模式[J]. 教育评论,2015(11):3-6.

21. 李秀琴,汪霞. 江苏省产学研合作的现状、问题与对策思考:基于对江苏省5个企业与高校合作情况的调研[J]. 全球教育展望,2010,39(5):58-63.

22. 李龚,张延昕,屈璐. 高职院校产业学院绩效评价:评价模型、指标体系及应用检验[J]. 职教论坛,2025,41(3):103-111.

23. 励效杰. 产业学院的制度逻辑及其政策意义[J]. 职业技术教育,2015,36(31):49-52.

24. 刘国买,何谐,李宁,等. 基于"三元融合"培养应用型人才:新型产业学院的建设路径[J]. 高等工程教育研究,2019(1):62-66,98.

25. 卢广巨,余莎,胡志敏. 利益分析视角下产业学院的发展逻辑与治理策略[J]. 职业技术教育,2021,42(7):49-53.

26. 卢坤建,周红莉,李作为. 产业学院推进产教深度融合的实践探索:以广东轻工职业技术学院为例[J]. 职业技术教育,2017,38(23):14-17.

27. 吕路平,童国通. "双高计划"背景下高职院校产教融合质量评价体系研究[J]. 职业技术教育,2020,41(30):31-36.

28. 聂梓欣,石伟平. 高职产业学院建构的组织战略分析:理念、模式与路径[J]. 教育与职业,2021(15):41-47.

29. 欧阳育良,吴晓志. 政府有效介入下职业教育校企合作长效机制创新实践[J]. 中国职业技术教育,2015(30):64-69.

30. 屈璐,王官燕. 我国高职院校产业学院的应然范式、实然样态与使然路径[J]. 教育与职业,2024(7):64-71.

31. 宋歌. 美国职业教育与经济发展互促共进的经验述论[J]. 职教发展研究,2023(1):11-18.

32. 孙柏璋,龚森.产业学院:从形态到灵魂重塑的转型发展[J].教育评论,2016(12):14-17.

33 万伟平.现行机理下产业学院的运行困境及其突破[J].教育学术月刊,2020(3):82-87.

34. 王云儿.产教融合背景下的"双院制"模式[J].高教发展与评估,2019,35(3):82-87,108,113.

35. 吴全全.德国、瑞士职业教育校企合作的特色及启示[J].中国职业技术教育,2011(27):91-94.

36. 吴显嵘.基于产教融合的高职产业学院建设机理及路径研究[J].中国职业技术教育,2018(29):5-11.

37. 吴新燕,席海涛,顾正刚.高职产业学院绩效考核体系的构建[J].教育与职业,2020(3):27-33.

38. 肖远军.CIPP教育评价模式探析[J].教育科学,2003,19(3):42-45.

39. 谢敏,顾军燕.产教融合视阈下高职院校校企融合度研究与评价实践[J].中国职业技术教育,2018(5):41-44.

40. 邢晖,曹润平,戴启培.高职院校产业学院现状调研与思考建议[J].国家教育行政学院学报,2022(9):20-29.

41. 徐秋儿.产业学院:高职院校实施工学结合的有效探索[J].中国高教研究,2007(10):72-73.

42. 徐绪卿,金劲彪,周朝成.行业学院:概念内涵、组织特征与实践路径:兼论民办本科高校应用型人才培养[J].浙江树人大学学报,2018,18(1):1-6.

43. 许文静.整体性视域下产业学院内部结构的治理逻辑研究[J].中国职业技术教育,2018(29):12-16.

44. 宣葵葵,王洪才.高校产业学院核心竞争力的基本要素与提升路径[J].江苏高教,2018(9):21-25.

45. 姚荣.应用逻辑的制度化:国家工业化与高等教育结构调整[J].清华大

学教育研究,2015,36(5):47-52,82.

46. 尹伟民,孙健,李德方. 职业院校产业学院的建设路径及保障研究:基于江苏省南京市的案例分析[J]. 中国职业技术教育,2021(25):22-27.

47. 于畅,高向辉,李明,等. 高校绩效评价的理论逻辑、现实依据及实践探索[J]. 现代教育管理,2022(5):65-73.

48. 袁靖宇. 高等教育:产教融合的历史观照与战略抉择[J]. 中国高教研究,2018(4):55-57.

49. 张雪彦. 职业院校混合所有制产业学院建设研究综述[J]. 中国经贸导刊(中),2020(2):167-168.

50. 张珣,李运顺,李国勇. 新加坡南洋理工学院"教学工厂"产教融合模式的经验及启示[J]. 职业技术教育,2021,42(11):76-80.

51. 赵东明,赵景晖. 高职校企混合所有制二级产业学院建设研究[J]. 教育探索,2016(6):42-46.

52. 赵昕,高鸿."产教"双重逻辑下高职产业学院建设:内涵、动因与推进路径[J]. 职业技术教育,2023,44(15):40-44.

53. 郑琦. 产业学院:一种利益相关者共同治理的高职办学模式[J]. 成人教育,2014,34(3):62-64.

54. 郑荣奕,蒋新革. 现代产业学院建设:发展历程、组织特征与改革路径[J]. 职业技术教育,2021,42(30):14-19.

55. 周辉,张成. 新加坡"教学工厂"校企合作模式的研究与实践[J]. 教育现代化,2017,4(31):113-114.

56. 周继良. 现代产业学院的组织属性与制度创新[J]. 内蒙古社会科学,2021,42(3):197-204,213.

57. 周志成. 德国"双元制"职业教育的优势及启示[J]. 北京教育(高教),2018(1):40-42.

58. 朱海静. 我国高职院校校企合作项目评价体系研究现状分析[J]. 科教导

刊(上旬刊),2013(21):14-15.

59. 朱林生,孙金娟.行业学院模式:新建本科院校应用型人才培养的新探索[J].大学(学术版),2012(12):18-23,10.

60. 朱士中.应用型本科人才培养的机制与模式创新:以常熟理工学院行业学院探索为例[J].江苏高教,2016(5):80-83.

61. 朱为鸿,彭云飞.新工科背景下地方本科院校产业学院建设研究[J].高校教育管理,2018,12(2):30-37.

三、电子资源类

1. 福建省教育厅,福建省工业和信息化厅.福建省教育厅 福建省工业和信息化厅关于印发《福建省现代产业学院建设总体方案》的通知[EB/OL].(2021-09-26)[2025-02-06].http://jyt.fujian.gov.cn/xxgk/zywj/202109/t20210928_5697729.htm.

2. 福建省教育厅办公室.福建省教育厅办公室关于做好示范性产业学院遴选工作的通知[EB/OL].(2017-09-22)[2025-02-06].http://jyt.fujian.gov.cn/xxgk/zywj/201709/t20170929_3658307.htm.

3. 福建省教育厅.福建省教育厅关于成立福建省应用型本科专业类教学联盟和高校产业学院发展联盟的通知[EB/OL].(2018-12-24)[2025-02-02].http://jyt.fujian.gov.cn/xxgk/zfxxgkzl/zfxxgkml/zcwj/201812/t20181228_4728418.htm.

4. 广东省教育厅.广东省教育厅关于推进本科高校产业学院建设的若干意见[EB/OL].(2018-07-05)[2025-02-06].https://www.gzgs.edu.cn/cyxy/info/1095/1083.htm.

5. 广西壮族自治区教育厅,广西壮族自治区工业和信息化厅.自治区教育厅自治区工业和信息化厅关于印发推进广西普通本科高校现代产业学院建设工作实施方案的通知[EB/OL].(2021-03-16)[2025-02-06].http://jyt.

gxzf. gov. cn/zfxxgk/fdzdgknr/tzgg_58179/t8348273. shtml.

6. 国务院. 国务院关于加快发展现代职业教育的决定［EB／OL］. （2014-06-22）［2024-09-02］. https：// www. gov. cn/gongbao/content/2014/content _ 2711415. htm.

7. 国务院办公厅. 国务院办公厅关于深化产教融合的若干意见［EB/OL］. （2017-12-19）［2024-09-02］. http：// www. gov. cn/zhengce/content/2017-12/ 19/content_5248564. htm.

8. 河北省教育厅, 河北省工业和信息化厅. 河北省教育厅 河北省工业和信息化厅关于印发《河北省现代产业学院建设实施方案》的通知［EB/OL］. （2021-08-03 ）［2025-02-06］. https：// ugs. hebut. edu. cn/docs/2021-08/ 42875fb365da4cea8382d2763eee84b6. pdf.

9. 河南省教育厅, 河南省发展和改革委员会, 河南省财政厅. 河南省教育厅等部门关于推进高等学校产业学院建设的指导意见［EB/OL］. （2021-03-30） ［2025-02-06］. http：// jyt. henan. gov. cn/2021/04-01/2118798. html.

10. 湖南省教育厅. 关于开展首批湖南省现代产业学院申报与建设工作的通知［EB/OL］. （2020-12-29）［2025-02-06］. http：// jyt. hunan. gov. cn/jyt/ sjyt/xxgk/tzgg/202012/t20201229_1030383. html.

11. 吉林省教育厅, 吉林省工业和信息化厅. 关于印发《吉林省现代产业学院建设实施方案》的通知［EB/OL］. （2021-02-05 ）［2025-02-06］. http：// xxgk. jl. gov. cn/zcbm/fgw_97963/xxgkmlqy/202206/t20220613 _8475887. html.

12. 吉林省人民政府. 吉林省人民政府关于印发《吉林省教育科技人才产业一体化发展三年行动方案（2025—2027 年）》的通知［EB/OL］. （2024-11-13）［2025-02-06］. http：// www. jl. gov. cn/gb/2024/zb _ 202423/gcgd/ 202412/t20241218_9011879. html.

13. 江苏省教育厅. 江苏省教育厅关于推进本科高校产业学院建设的指导意

见[EB/OL].（2020-01-20）[2025-02-06].http：//jyt.jiangsu.gov.cn/art/
2020/1/21/art_55512_8960388.html.

14. 山东省教育厅,山东省工业和信息化厅.山东省教育厅 山东省工业和信
息化厅关于印发《推进本科高校现代产业学院建设实施方案》的通知
[EB/OL].（2020-12-08）[2025-02-06].http：//iss.ujn.edu.cn/info/1101/
1137.htm.

15. 四川省教育厅.关于首批省级现代产业学院名单的公示[EB/OL].（2022-
01-21）[2025-02-06].https：//edu.sc.gov.cn/scedu/c100495/2022/1/21/
cac20bea9c2c469f81ad0bf04948949e.shtml.

16. 四川省财政厅,四川省教育厅,四川省经济和信息化厅,等.四川省财政厅
四川省教育厅 四川省经济和信息化厅 四川省科学技术厅《关于印发四
川省产教融合示范项目建设实施细则》的通知[EB/OL].（2023-04-21）
[2025-02-06].https：//cjrh.pzhu.edu.cn/info/1015/1492.htm.

17. 财政部.关于印发《预算绩效评价共性指标体系框架》的通知[EB/OL].
（2013-04-21）[2025-01-23].http：//yss.mof.gov.cn/zhengceguizhang/
201305/t20130507_857159.htm.

18. 财政部.关于印发《项目支出绩效评价管理办法》的通知[EB/OL].
（2020-02-25）[2025-01-23].http：//yss.mof.gov.cn/zhuantilanmu/ysjxgl/
202003/t20200302_3476430.htm.

19. 教育部,国家发展改革委,工业和信息化部,等.教育部等九部门关于印发
《职业教育提质培优行动计划（2020—2023 年）》的通知[EB/OL].
（2020-09-23）[2022-03-06].http：//www.moe.gov.cn/srcsite/A07/zcs_
zhgg/202009/t20200929_492299.html？from＝timeline.

20. 教育部,财政部.教育部 财政部关于实施中国特色高水平高职学校和专
业建设计划的意见[EB/OL].（2019-04-01）[2024-09-02].http：//www.
moe.gov.cn/srcsite/A07/moe_737/s3876_qt/201904/t20190402_376471.

html.

21. 教育部办公厅,工业和信息化部办公厅.教育部办公厅 工业和信息化部办公厅关于印发《现代产业学院建设指南(试行)》的通知(2020-07-30)〔2024-09-05〕.http：// www. moe. gov. cn/srcsite/A08/s7056/202008/t20200820_479133. html.

22. 中共中央,国务院.中共中央 国务院印发《教育强国建设规划纲要(2024—2035 年)》〔EB/OL〕.(2025-01-19)〔2025-01-23〕.http：// www. moe. gov. cn/jyb_xxgk/moe_1777/moe_1778/202501/t20250119_1176193. html.

23. 国家发展改革委,教育部,工业和信息化部,等.国家发展改革委等部门关于印发《职业教育产教融合赋能提升行动实施方案(2023—2025 年)》的通知〔EB/OL〕.(2023-06-08)〔2025-01-05〕.https：// www. gov. cn/zhengce/zhengceku/202306/content_6886061. htm.

24. 国务院.国务院关于印发国家职业教育改革实施方案的通知〔EB/OL〕.(2019-02-13)〔2025-01-25〕.https：// www. gov. cn/zhengce/zhengceku/2019-02/13/content_5365341. htm.

25. 教育部办公厅.教育部办公厅关于加强市域产教联合体建设的通知〔EB/OL〕.(2024-10-21)〔2025-02-06〕.https：// www. gov. cn/zhengce/zhengceku/202411/content_6986632. htm.

26. 教育部办公厅.教育部办公厅关于开展市域产教联合体建设的通知〔EB/OL〕.(2023-04-20)〔2025-01-05〕.http：// www. moe. gov. cn/srcsite/A07/s7055/202304/t20230421_1056642. html.

27. 中共中央,国务院.深化新时代教育评价改革总体方案〔EB/OL〕.(2020-10-13)〔2023-09-15〕.https：// www. gov. cn/zhengce/2020-10/13/content_5551032. htm.

28. 李克强.政府工作报告〔EB/OL〕.(2021-03-05)〔2024-03-02〕.https：//

www. gov. cn/guowuyuan/2021zfgzbg. htm.

四、学位论文类

1. 陈凯. 从共同体到联合体: 马克思共同体思想研究[D]. 泉州: 华侨大学, 2017.

2. 侯施昱. 利益相关者视角下的校企合作管理策略优化研究: 以上海 L 高校 H 基地为例[D]. 上海: 华东师范大学, 2018.

3. 李明. 政府激励产教融合型企业的政策评价研究: 以河南省 S 市产业学院合作企业为例[D]. 南宁: 广西民族大学, 2021.

4. 刘风彪. 借鉴德国"双元制"职业教育模式加速我国职业教育的改革与发展[D]. 保定: 河北大学, 2004.

5. 聂梓欣. 高职产业学院内部治理结构与模式研究[D]. 上海: 华东师范大学, 2022.

6. 宋昊洋. 数字经济背景下跨境电商产业学院产教融合研究[D]. 郑州: 郑州航空工业管理学院, 2022.

7. 姚润玲. 基于利益相关者理论的应用型本科院校产教融合绩效评价研究[D]. 哈尔滨: 哈尔滨工业大学, 2018.

后　记

　　本书的完稿历时近 3 年时间，从调研到写作的过程中，笔者实地走访了全国 9 个省 38 个高职院校、企业、地方行政等单位，得到了专家、学者、同行的大量帮助，尤其感谢路宝利、闫志利、徐平利、李政、顾德仁、李亚平等专家的不吝赐教，感谢四川省教育科学研究院各位领导和同事的大力支持，最后虽只在成稿中展现了 5 省 26 所高职院校产业学院实地调研情况，但对于提供了大量研究以及应用与实践平台和机会的单位和个人，以及课题组成员王官燕、李龚、张延昕、严光玉、陈雪梅、邓南虎、李勇、伍小兵、彭裕红，表示由衷的感谢！对于书中选取的山东商业职业技术学院、天津职业大学、惠州工程职业学院、常州机电职业技术学院、宜宾职业技术学院、泸州职业技术学院、四川护理职业学院、四川卫生康复职业学院、雅安职业技术学院、成都农业科技职业学院、成都工业职业技术学院、四川财经职业学院的典型案例，表示诚挚的谢意！感谢所有接受调研、访谈，接待调研的各位职教同人，由于匿名原则所限，无法一一实名感谢，没有你们，就没有这个研究的存在。感谢重庆大学出版社顾丽萍、黄菊香老师的信任，使本研究得以最终呈现。

　　作为产教融合阶段性研究成果，本书还有诸多不足之处，诚请各位读者批评指正。

屈　璐

四川　成都

2025 年 2 月